PREFÁCIO

A coleção de frases de viagem "Vai tudo correr bem!" publicada pela T&P Books é concebida para pessoas que vão ao estrangeiro em viagens de turismo e negócios. Os livros de frases contêm o que é mais importante - o essencial para uma comunicação básica. Este é um conjunto indispensável de frases para "sobreviver" no estrangeiro.

Este Guia de Conversação irá ajudá-lo na maioria das situações em que precise de perguntar alguma coisa, obter direções, saber quanto custa algo, etc. Pode também resolver situações de difícil comunicação onde os gestos simplesmente não ajudam.

Este livro contém uma série de frases que foram agrupadas de acordo com os tópicos mais relevantes. Uma secção separada do livro também fornece um pequeno dicionário com mais de 1.500 palavras importantes e úteis.

Leve consigo para a estrada o Guia de Conversação "Vai tudo correr bem!" e terá um companheiro de viagem insubstituível, que irá ajudá-lo a encontrar o seu caminho em qualquer situação e ensiná-lo a não recear falar com estrangeiros.

TABELA DE CONTEÚDOS

T&P Books Publishing

T&P Books Publishing

GUIA DE CONVERSAÇÃO

— PERSA —

AS PALAVRAS E AS FRASES MAIS ÚTEIS

Este guia de conversação contém frases e perguntas comuns essenciais para uma comunicação básica com estrangeiros

Andrey Taranov

T&P BOOKS

Frases + dicionário de 1500 palavras

Guia de Conversação Português-Persa e dicionário conciso 1500 palavras

Por Andrey Taranov

A coleção de frases de viagem "Vai tudo correr bem!" publicada pela T&P Books é concebida para pessoas que vão ao estrangeiro em viagens de turismo e negócios. Os livros de frases contêm o que é mais importante - o essencial para uma comunicação básica. Este é um conjunto indispensável de frases para "sobreviver" no estrangeiro.

Outra secção do livro também fornece um pequeno dicionário com mais de 1.500 palavras úteis, organizadas por ordem alfabética. O dicionário inclui muitos termos gastronômicos e será útil quando pedir comida num restaurante ou comprar alimentos numa loja.

Editora T&P Books
www.tpbooks.com

ISBN: 978-1-78716-953-1

Este livro também está disponível em formato E-book.
Por favor visite www.tpbooks.com ou as principais livrarias on-line.

PRONÚNCIA

Alfabeto fonético T&P	Exemplo Persa	Exemplo Português
['] (ayn)	دعوا [da῾vā]	fricativa faríngea sonora
['] (hamza)	تایید [ta'id]	oclusiva glotal
[a]	رود [ravad]	chamar
[ā]	آتش [ātaš]	rapaz
[b]	بانک [bānk]	barril
[č]	چند [čand]	Tchau!
[d]	هشتاد [haštād]	dentista
[e]	عشق [ešq]	metal
[f]	فندک [fandak]	safári
[g]	لوگو [logo]	gosto
[h]	گیاه [giyāh]	[h] aspirada
[i]	جزیره [jazire]	sinónimo
[j]	جشن [jašn]	adjetivo
[k]	کاج [kāj]	kiwi
[l]	لیمو [limu]	libra
[m]	ماجرا [mājarā]	magnólia
[n]	نروژ [norvež]	natureza
[o]	گلف [golf]	lobo
[p]	اپرا [operā]	presente
[q]	لاغر [lāqar]	agora
[r]	رقم [raqam]	riscar
[s]	سوپ [sup]	sanita
[š]	دوش [duš]	mês
[t]	ترجمه [tarjome]	tulipa
[u]	نیرو [niru]	bonita
[v]	ورشو [varšow]	fava
[w]	روشن [rowšan]	página web
[x]	کاخ [kāx]	fricativa uvular surda
[y]	بیابان [biyābān]	géiser
[z]	زنجیر [zanjir]	sésamo
[ž]	ژوئن [žuan]	talvez

LISTA DE ABREVIATURAS

Abreviaturas do Português

adj	-	adjetivo
adv	-	advérbio
anim.	-	animado
conj.	-	conjunção
desp.	-	desporto
etc.	-	etecetra
ex.	-	por exemplo
f	-	nome feminino
f pl	-	feminino plural
fem.	-	feminino
inanim.	-	inanimado
m	-	nome masculino
m pl	-	masculino plural
m, f	-	masculino, feminino
masc.	-	masculino
mat.	-	matemática
mil.	-	militar
pl	-	plural
prep.	-	preposição
pron.	-	pronome
sb.	-	sobre
sing.	-	singular
v aux	-	verbo auxiliar
vi	-	verbo intransitivo
vi, vt	-	verbo intransitivo, transitivo
vp	-	verbo pronominal
vt	-	verbo transitivo

T&P BOOKS

GUIA DE CONVERSAÇÃO PERSA

Esta secção contém frases importantes que podem vir a ser úteis em várias situações da vida real.
O Guia de Conversação irá ajudá-lo a pedir orientações, esclarecer um preço, comprar bilhetes e pedir comida num restaurante

T&P Books Publishing

CONTEÚDO DO GUIA DE CONVERSAÇÃO

T&P Books Publishing

O mínimo

Desculpe, ...	bebaxšid, ... ببخشید، ....
Olá!	salām سلام.
Obrigado /Obrigada/.	mamnun ممنونم
Adeus.	xodāhāfez خداحافظ.
Sim.	bale بله
Não.	xeyr خیر
Não sei.	nemidānam نمی دانم.
Onde? | Para onde? | Quando?	kojā? | kojā? | key? کی؟ | کجا؟ | کجا؟

Preciso de ...	be ... ehtiyāj dāram به...احتیاج دارم
Eu queria ...	mixāham ... ...می خواهم
Tem ...?	āyā ... dārid? آیا...دارید؟
Há aqui ...?	āyā injā ... hast? آیا اینجا ...هست؟
Posso ...?	mitavānam ...? می توانم...؟
..., por favor	lotfan لطفاً

Estou à procura de ...	donbāl-e ... migardam دنبال...می گردم.
casa de banho	tuālet توالت
Multibanco	xodpardāz خودپرداز
farmácia	dāruxāne داروخانه
hospital	bimārestān بیمارستان
esquadra de polícia	edāre-ye polis اداره پلیس
metro	istgāh-e metro ایستگاه مترو

táxi	tāksi
	تاکسی
estação de comboio	istgāh-e qatār
	ایستگاه قطار

Chamo-me ...	esm-e man ... ast
	اسم من...است.
Como se chama?	esm-e šomā čist?
	اسم شما چیست؟
Pode-me dar uma ajuda?	lotfan mitavānid komakam konid?
	لطفاً می توانید کمکم کنید؟
Tenho um problema.	yek moškel dāram
	یک مشکل دارم.
Não me sinto bem.	hālam xub nist
	حالم خوب نیست.
Chame a ambulância!	āmbulāns xabar konid!
	!آمبولانس خبر کنید
Posso fazer uma chamada?	mitavānam yek telefon bezanam?
	می توانم یک تلفن بزنم؟

Desculpe.	ma'zerat mixāham
	معذرت می خواهم.
De nada.	xāheš mikonam
	خواهش می کنم.

eu	man
	من
tu	to
	تو
ele	u
	او
ela	u
	او
eles	an-hā
	آنها
elas	an-hā
	آنها
nós	mā
	ما
vocês	šomā
	شما
você	šomā
	شما

ENTRADA	vorudi
	ورودی
SAÍDA	xoruji
	خروجی
FORA DE SERVIÇO	xarāb
	خراب
FECHADO	baste
	بسته

ABERTO	bāz
	باز
PARA SENHORAS	zanāne
	زنانه
PARA HOMENS	mardāne
	مردانه

Perguntas

Onde?	kojā? کجا؟
Para onde?	kojā? کجا؟
De onde?	az kojā? از کجا؟
Porquê?	čerā? چرا؟
Porque razão?	be če dalil? به چه دلیل؟
Quando?	key? کی؟
Quanto tempo?	če modat? چه مدت؟
A que horas?	če sāati? چه ساعتی؟
Quanto?	čand ast? چنداست؟
Tem ...?	āyā ... dārid? آیا...دارید؟
Onde fica ...?	... kojāst? ...کجاست؟
Que horas são?	sāat čand ast? ساعت چند است؟
Posso fazer uma chamada?	mitavānam yek telefon bezanam? می توانم یک تلفن بزنم؟
Quem é?	kiye? کیه؟
Posso fumar aqui?	mitavānam injā sigār bekešam? می توانم اینجا سیگار بکشم؟
Posso ...?	mitavānam ...? می توانم...؟

Necessidades

Eu gostaria de …	mixāham …
	می خواهم...
Eu não quero …	nemixāham …
	نمی خواهم...
Tenho sede.	tešne haṣtam
	تشنه هستم.
Eu quero dormir.	mixāham bexābam
	می خواهم بخوابم.

Eu queria …	mixāham …
	می خواهم...
lavar-me	xod rā bešuyam
	خود را بشویم
escovar os dentes	dandānhāyam rā mesvāk bezanam
	دندان هایم را مسواک بزنم
descansar um pouco	kami esterāhat konam
	کمی استراحت کنم
trocar de roupa	lebashāyam rā avaz konam
	لباسهایم را عوض کنم

voltar ao hotel	be hotel bargaštan
	به هتل برگشتن
comprar …	… xaridan
	...خریدن
ir para …	be … raftan
	به...رفتن
visitar …	az … bāzdid kardan
	از...بازدید کردن
encontrar-me com …	bā … molāqāt kardan
	با...ملاقات کردن
fazer uma chamada	telefon zadan
	تلفن زدن

Estou cansado /cansada/.	xaste-am
	خسته ام.
Nós estamos cansados /cansadas/.	xaste-im
	خسته ایم.
Tenho frio.	sardam ast
	سردم است.
Tenho calor.	garmam ast
	گرمم است.
Estou bem.	xub hastam
	خوب هستم.

Preciso de telefonar.

niyāz dāram telefon bezanam

نیازدارم تلفن بزنم.

Preciso de ir à casa de banho.

bayad be tuālet beravam

باید به توالت بروم.

Tenho de ir.

bāyad beravam

باید بروم.

Tenho de ir agora.

bāyad alān beravam

باید الان بروم.

Perguntando por direções

Desculpe, ...

bebaxšid, ...
ببخشید، ....

Onde fica ...?

... kojāst?
...کجاست؟

Para que lado fica ...?

... az kodām taraf ast?
...از کدام طرف است؟

Pode-me dar uma ajuda?

mitavānid lotfan komakam konid?
می توانید لطفاً کمکم کنید؟

Estou à procura de ...

donbāl-e ... migardam
دنبال...می گردم

Estou à procura da saída.

donbāl-e xoruji migardam
دنبال خروجی می گردم.

Eu vou para ...

be ... miravam
به...می روم

Estou a ir bem para ...?

in rāh barāye raftan be ... dorost ast?
این راه برای رفتن به...درست است؟

Fica longe?

dur ast?
دور است؟

Posso ir até lá a pé?

mitavānam piyāde beravam?
می توانم پیاده بروم؟

Pode-me mostrar no mapa?

mitavānid ruye naqše nešānam bedahid?
می توانید روی نقشه نشانم بدهید؟

Mostre-me onde estamos de momento.

lotfan be man nešān bedahid
alān kojā hastim
لطفاً به من نشان بدهید الان کجا هستیم.

Aqui

injā
اینجا

Ali

ānjā
آنجا

Por aqui

az in rāh
از این راه

Vire à direita.

dast-e rast bepičid
دست راست بپیچید.

Vire à esquerda.

dast-e čap bepičid
دست چپ بپیچید.

primeira (segunda, terceira) curva

be avvalin (dovvomin, sevvomin)
xiyabān bepičid.
به اولین(دومین، سومین)خیابان بپیچید.

para a direita	dast-e rāst
	دست راست
para a esquerda	dast-e čap
	دست چپ
Vá sempre em frente.	mostaqim beravid
	مستقیم بروید.

Sinais

BEM-VINDOS!	xoš āmadid
	خوش آمدید
ENTRADA	vorudi
	ورودی
SAÍDA	xoruji
	خروجی

EMPURRAR	fešār bedahid
	فشار بدهید
PUXAR	bekešid
	بکشید
ABERTO	bāz
	باز
FECHADO	baste
	بسته

PARA SENHORAS	zanāne
	زنانه
PARA HOMENS	mardāne
	مردانه
HOMENS, CAVALHEIROS (m)	āqāyān
	آقایان
SENHORAS (f)	xānomha
	خانمها

DESCONTOS	taxfif
	تخفیف
SALDOS	harāj
	حراج
GRATUITO	rāygān
	رایگان
NOVIDADE!	jadid
	جدید
ATENÇÃO!	movāzeb bāšid
	مواظب باشید

NÃO HÁ VAGAS	zarfiyat takmil
	ظرفیت تکمیل
RESERVADO	rezerv šode
	رزرو شده
ADMINISTRAÇÃO	edāre
	اداره
ACESSO RESERVADO	moxtas-e kārkonān
	مختص کارکنان

CUIDADO COM O CÃO	movāzeb-e sag bāšid
	مواظب سگ باشید
NÃO FUMAR!	sigār nakešid
	سیگار نکشید
NÃO MEXER!	dast nazanid
	دست نزنید
PERIGOSO	xatarnāk
	خطرناک
PERIGO	xatar
	خطر
ALTA TENSÃO	voltāj-e bālā
	ولتاژ بالا
PROIBIDO NADAR	šenā mamnuʻ
	شنا ممنوع

FORA DE SERVIÇO	xarāb
	خراب
INFLAMÁVEL	qābel-e ešteāl
	قابل اشتعال
PROIBIDO	mamnuʻ
	ممنوع
PASSAGEM PROIBIDA	vorud mamnuʻ
	ورود ممنوع
PINTADO DE FRESCO	rang-e xis
	رنگ خیس

FECHADO PARA OBRAS	barāye taʻmirāt baste ast
	برای تعمیرات بسته است
TRABALHOS NA VIA	dar dast-e taʻmir
	در دست تعمیر
DESVIO	masir-e enherāfi
	مسیرانحرافی

Transportes. Frases gerais

avião	havāpeymā
	هواپیما
comboio	qatār
	قطار
autocarro	otobus
	اتوبوس
ferri	kašti
	کشتی
táxi	tāksi
	تاکسی
carro	māšin
	ماشین

horário	jadval-e sāāt
	جدول ساعات
Onde posso ver o horário?	jadval-e sāāt rā kojā mtavānam bebinam?
	جدول ساعات را کجا می توانم ببینم؟

dias de trabalho	ruzhā-ye bāz
	روزهای باز
fins de semana	ruzhā-ye baste
	روزهای بسته
férias	ruzhā-ye ta'til
	روزهای تعطیل

PARTIDA	harekat
	حرکت
CHEGADA	vorud
	ورود

ATRASADO	bā ta'xir
	با تاخیر
CANCELADO	kansel šode
	کنسل شده

próximo (comboio, etc.)	ba'di
	بعدی
primeiro	avvalin
	اولین
último	āxarin
	آخرین

Quando é o próximo ...?	... ba'di če sāati ast? ؟بعدى چه ساعتى است...
Quando é o primeiro ...?	avvalin ... če sāati ast? ؟اولین... چه ساعتى است
Quando é o último ...?	āxarin ... če sāati ast? ؟آخرین... چه ساعتى است

transbordo	terānsfer ترانسفر
fazer o transbordo	terānsfer gereftan ترانسفر گرفتن
Preciso de fazer o transbordo?	āyā bāyad terānsfer begiram? ؟آیا باید ترانسفر بگیرم

Comprando bilhetes

Onde posso comprar bilhetes?	kojā mitavānam bilit bexaram? کجامی توانم بلیط بخرم؟
bilhete	bilit بلیط
comprar um bilhete	ilit xaridan بلیط خریدن
preço do bilhete	qeymat-e yek bilit قیمت یک بلیط
Para onde?	barāye kojā? برای کجا؟
Para que estação?	če maqsadi? چه مقصدی؟
Preciso de ...	be ... niyāz dāram به...نیازدارم
um bilhete	yek bilit یک بلیط
dois bilhetes	do bilit دو بلیط
três bilhetes	se bilit سه بلیط
só de ida	raft رفت
de ida e volta	rafo-o-bargašt رفت و برگشت
primeira classe	daraje yek درجه یک
segunda classe	daraje do درجه دو
hoje	emruz امروز
amanhã	fardā فردا
depois de amanhã	pas fardā پس فردا
de manhã	sobh صبح
à tarde	ba'd az zohr بعد از ظهر
ao fim da tarde	šab شب

lugar de corredor	sandali-ye taraf-e rāhro
	صندلی طرف راهرو
lugar à janela	sandali-ye taraf-e panjare
	صندلی طرف پنجره
Quanto?	čand ast?
	چنداست؟
Posso pagar com cartão de crédito?	mitavānam bā kārt bepardāzam?
	می توانم با کارت بپردازم؟

Autocarro

autocarro	otobus اتوبوس
camioneta (autocarro interurbano)	otobus-e beyn-e šahri اتوبوس بین شهری
paragem de autocarro	istgāh-e otobus ایستگاه اتوبوس
Onde é a paragem de autocarro mais perto?	nazdiktarin istgāh-e otobus kojāst? نزدیکترین ایستگاه اتوبوس کجاست؟

número	šomāre شماره (اتوبوس، غیره)
Qual o autocarro que apanho para ...?	barāye raftan be ... če otobusi rā bāyad begiram? برای رفتن به...چه اتوبوسی را باید بگیرم؟

Este autocarro vai até ...?	āyā in otobus be ... miravad? آیا این اتوبوس به...می رود؟
Com que frequência passam os autocarros?	otobus har čand vaqt yekbār rāh mioftad? اتوبوس هر چند وقت یکبار راه می افتد؟

de 15 em 15 minutos	har pānzdah daqiqe yekbār هر 15 دقیقه یکبار
de meia em meia hora	har nim sāat yekbār هر نیم ساعت یکبار
de hora a hora	har sāat هر ساعت
várias vezes ao dia	čand bār dar ruz چند بار در روز
... vezes ao dia	... bār dar ruz ...بار در روز

horário	jadval-e sāāt جدول ساعات
Onde posso ver o horário?	jadval-e sāāt rā kojā mtavānam bebinam? جدول ساعات را کجا می توانم ببینم؟

Quando é o próximo autocarro?	otobus-e ba'di če sāati ast? اتوبوس بعدی چه ساعتی است؟
Quando é o primeiro autocarro?	otobus-e avval če sāati ast? اتوبوس اول چه ساعتی است؟
Quando é o último autocarro?	otobus-e axar če sāati ast? اتوبوس آخر چه ساعتی است؟

paragem	istgāh ایستگاه
próxima paragem	istgāh-e ba'di ایستگاه بعدی
última paragem	termināl ترمینال
Pare aqui, por favor.	lotfan injā tavaqqof konid لطفاً اینجا توقف کنید.
Desculpe, esta é a minha paragem.	bebaxšid, istgāh-e man injāst ببخشید، ایستگاه من اینجاست.

Comboio

comboio	qatār قطار
comboio sub-urbano	qatār-e beyn-e šahri قطار بیرون شهری
comboio de longa distância	qatār-e safari قطار سفری
estação de comboio	istgāh-e qatar ایستگاه قطار
Desculpe, onde fica a saída para a plataforma?	bebaxšid, xoruji be samt-e sakuhā kojāst? ببخشید، خروجی به سمت سکوها کجاست؟

Este comboio vai até ...?	ayā in qatār be ... miravad? آیا این قطار به...می رود؟
próximo comboio	qatār-e ba'di قطار بعدی

Quando é o próximo comboio?	qatār-e ba'di če sāati ast? قطار بعدی چه ساعتی است؟
Onde posso ver o horário?	jadval-e sāāt rā kojā mtavānam bebinam? جدول ساعات را کجا می توانم ببینم؟

Apartir de que plataforma?	az kodām sakku? از کدام سکو؟
Quando é que o comboio chega a ...?	če sāati qatār be ... miresad? چه ساعتی قطار به... می رسد؟

Ajude-me, por favor.	lotfan be man komak konid لطفاً به من کمک کنید.
Estou à procura do meu lugar.	donbāl-e jā-ye xod migardam دنبال جای خود می گردم.
Nós estamos à procura dos nossos lugares.	donbāl-e jā-hāye xod migardim دنبال جاهای خود می گردیم.

O meu lugar está ocupado.	jā-ye man gerefte šode ast جای من گرفته شده است.
Os nossos lugares estão ocupados.	jā-hāye mā gerefte šode and جاهای ما گرفته شده اند.
Peço desculpa mas este é o meu lugar.	bebaxšid, injā jā-ye man ast ببخشید، اینجا جای من است.

Este lugar está ocupado?

āyā in jā āzād ast?

آیا این جا آزاد است؟

Posso sentar-me aqui?

mitavānam injā benešinam?

می توانم اینجا بنشینم؟

No comboio. Diálogo (Sem bilhete)

Bilhete, por favor.

bilit, lotfan
بلیط، لطفاً.

Não tenho bilhete.

bilit nadāram
بلیط ندارم.

Perdi o meu bilhete.

bilitam rā gom kardeam
بلیطم را گم کرده ام.

Esqueci-me do bilhete em casa.

bilitam rā dar xāne jā gozāšteam
بلیطم را در خانه جا گذاشته ام.

Pode comprar um bilhete a mim.

mitavanid bilit rā az man bexarid
می توانید بلیط را از من بخرید.

Terá também de pagar uma multa.

bāyad jarime-i rā ham bepardāzid
باید جریمه ای را هم بپردازید.

Está bem.

bāšad
باشد.

Onde vai?

kojā miravid?
کجا می روید؟

Eu vou para ...

be ... miravam
به...می روم.

Quanto é? Eu não entendo.

čeqadr? motevajeh našodam
چقدر؟ متوجه نشدم.

Escreva, por favor.

lotfan ānrā benevisid
لطفاً آنرا بنویسید.

Está bem. Posso pagar
com cartão de crédito?

bale. mitavānam bā kārt bepardāzam?
بله. می توانم با کارت بپردازم؟

Sim, pode.

bale, hatman
بله، حتماً.

Aqui tem a sua fatura.

in resid-e šomāst
این رسید شماست.

Desculpe pela multa.

bābat-e jarime moteasefam
بابت جریمه متاسفم.

Não tem mal. A culpa foi minha.

moškeli nist. taqsir-e xod-e man ast
مشکلی نیست. تقصیر خود من است.

Desfrute da sua viagem.

safar bexeyr
سفر بخیر.

Taxi

táxi	tāksi تاکسی
taxista	rānande tāksi راننده تاکسی
apanhar um táxi	tāksi gereftan تاکسی گرفتن
paragem de táxis	istgāh-e tāksi ایستگاه تاکسی
Onde posso apanhar um táxi?	kojā mitavānam tāksi begiram? کجا می توانم تاکسی بگیرم؟
chamar um táxi	tāksi sedā zadan تاکسی صدا زدن
Preciso de um táxi.	tāksi lāzem dāram تاکسی لازم دارم.
Agora.	alān الان
Qual é a sua morada?	ādres-e šomā kojāst? آدرس شما کجاست؟
A minha morada é ...	ādres-e man ... ast. آدرس من...است.
Qual o seu destino?	maqsad-e šoma? مقصد شما؟
Desculpe, ...	bebaxšid, ...ببخشید،
Está livre?	āzād hastid? آزاد هستید؟
Em quanto fica a corrida até ...?	hazine-ye raftan be ... čeqadr mišavad? هزینه رفتن به...چقدر می شود؟
Sabe onde é?	midānid kojāst? می دانید کجاست؟
Para o aeroporto, por favor.	forudgāh, lotfan فرودگاه، لطفاً.
Pare aqui, por favor.	lotfan injā tavaqqof konid لطفاً اینجا توقف کنید.
Não é aqui.	injā nist اینجا نیست.
Esta morada está errada. (Não é aqui)	ādres eštebāh ast آدرس اشتباه است.
Vire à esquerda.	dast-e čap bepičid دست چپ بپیچید.
Vire à direita.	dast-e rast bepičid دست راست بپیچید.

Quanto lhe devo?	čeqadr be šomā bepardāzam? چقدر به شما بپردازم؟
Queria fatura, por favor.	lotfan yek resid be man bedahid لطفاً یک رسیدبه من بدهید.
Fique com o troco.	bagiye-ye pul rā negah dārid بقیه پول را نگه دارید.

Espere por mim, por favor.	lotfan mitavānid montazer-e man bemānid? لطفاً می توانید منتظر من بمانید؟

5 minutos	panj daqiqe پنج دقیقه
10 minutos	dah daqiqe ده دقیقه
15 minutos	pānzdah daqiqe پانزده دقیقه
20 minutos	bist daqiqe بیست دقیقه
meia hora	nim sāat نیم ساعت

Hotel

Olá!	salām
	سلام.
Chamo-me ...	esm-e man ... ast
	اسم من...است.
Tenho uma reserva.	yek otāq rezerv kardeam
	یک اتاق رزرو کرده ام.

Preciso de ...	be ... niyāz dāram
	به...نیازدارم
um quarto de solteiro	yek otāq-e yek nafare
	یک اتاق یک نفره
um quarto de casal	yek otāq-e do nafare
	یک اتاق دو نفره
Quanto é?	qeymat-e ān čand ast?
	قیمت آن چند است؟
Está um pouco caro.	kami gerān ast
	کمی گران است.

Não tem outras opções?	gozine-ye digari ham dārid?
	گزینه دیگری هم دارید؟
Eu fico com ele.	ān rā rā migiram
	آن را می گیرم.
Eu pago em dinheiro.	naaqdi pardāxt mikonam
	نقدی پرداخت می کنم.

Tenho um problema.	yek moškel dāram
	یک مشکل دارم.
O meu ... está partido /A minha ... está partida/.	...man šekaste ast
	... من شکسته است.
O meu ... está avariado /A minha ... está avariada/.	...man kār nemikonad
	...من کار نمی کند.
televisor (m)	televiziyon
	تلویزیون
ar condicionado (m)	tahviye-ye matbuʿ
	تهویه مطبوع
torneira (f)	šir-e āb
	شیر آب

duche (m)	duš
	دوش
lavatório (m)	sink
	سینک
cofre (m)	gāv sandoq
	گاو صندوق

fechadura (f)	qofl-e dar
	قفل در
tomada elétrica (f)	piriz-e barq
	پریز برق
secador de cabelo (m)	sešoār
	سشوار

Não tenho ...	... nadāram.
	...ندارم.
água	āb
	آب
luz	nur
	نور
eletricidade	barq
	برق

Pode dar-me ...?	mitavānid ... be man bedahid?
	می توانید... به من بدهید؟
uma toalha	yek hole
	یک حوله
um cobertor	yek patu
	یک پتو
uns chinelos	dampāyi
	دمپایی
um roupão	yek robdošāmbr
	یک روب دوشامبر
algum champô	šāmpo
	شامپو
algum sabonete	sabun
	صابون

Gostaria de trocar de quartos.	mixāham otāqam rā avaz konam
	می خواهم اتاقم را عوض کنم.
Não consigo encontrar a minha chave.	kelidam rā peydā nemikonam
	کلیدم را پیدا نمی کنم.
Abra-me o quarto, por favor.	mitavānid lotfan otāqam rā bāz konid?
	می توانید لطفاً اتاقم را باز کنید؟
Quem é?	kiye?
	کیه؟
Entre!	befarmāyid tu!
	!بفرمایید تو
Um minuto!	yek lahze!
	!یک لحظه
Agora não, por favor.	lotfan alān na
	لطفاً الان نه.

Venha ao meu quarto, por favor.	mitavānid lotfan be otāq-e man biyāyid?
	می توانید لطفاً به اتاق من بیایید؟
Gostaria de encomendar comida.	mixāham qazāye dāxel-e otāq rā sefāres bedaham
	می خواهم غذای داخل اتاق را سفارش بدهم.

O número do meu quarto é ...   šomāre-ye otāq-e man ... ast
شماره اتاق من... است.

Estou de saída ...   man ... miravam
من...می روم

Estamos de saída ...   mā ... miravim
ما...می رویم

agora   alān
الان

esta tarde   emruz ba'd az zohr
امروز بعد از ظهر

hoje à noite   emšab
امشب

amanhã   fardā
فردا

amanhã de manhã   fardā sobh
فردا صبح

amanhã ao fim da tarde   fardā ba'd az zohr
فردا بعد از ظهر

depois de amanhã   pas fardā
پس فردا

Gostaria de pagar.   mixāham hesāb-e xod ra bepardāzam
می خواهم حساب خود را بپردازم.

Estava tudo maravilhoso.   hame čiz xeyli āli bud
همه چیز خیلی عالی بود.

Onde posso apanhar um táxi?   kojā mitavānam tāksi begiram?
کجا می توانم تاکسی بگیرم؟

Pode me chamar um táxi, por favor?   mitavānid lotfan yek tāksi barāyam sedā konid?
می توانید لطفاً یک تاکسی برایم صدا کنید؟

Restaurante

Posso ver o menu, por favor?	mitavānam lotfan meno rā bebinam? می توانم لطفاً منو را ببینم؟
Mesa para um.	yek miz-e yek nafare یک میز یک نفره.
Somos dois (três, quatro).	do (se, čāhār) nafar hastim دو (سه، چهار) نفر هستیم.

Para fumadores	sigāri سیگاری
Para não fumadores	qeyre sigāri غیر سیگاری
Por favor!	bebaxšid! ببخشید!
menu	meno منو
lista de vinhos	meno-ye mašrubāt منوی مشروبات
O menu, por favor.	meno lotfan منو، لطفاً.

Já escolheu?	mixāhid sefārešetān rā bedahid? می خواهید سفارشتان رابدهید؟
O que vai tomar?	če meyl mikonid? چه میل می کنید؟
Eu quero ...	yek ... migiram یک...می گیرم

Eu sou vegetariano /vegetariana/.	giyāhxār hastam گیاهخوار هستم.
carne	gušt گوشت
peixe	māhi ماهی
vegetais	sabzijāt سبزیجات
Tem pratos vegetarianos?	qāzāhā-ye giyāhi dārid? غذاهای گیاهی دارید؟
Não como porco.	gušt-e xuk nemixoram گوشت خوک نمی خورم.
Ele /ela/ não come porco.	u gušt nemixorad او گوشت نمی خورد.
Sou alérgico /alérgica/ a ...	be ... hassāsiyat dāram به...حساسیت دارم

Por favor, pode trazer-me ...?	mitavānid lotfa ... barāyam biyāvarid می توانیدلطفاً...برایم بیاورید.
sal | pimenta | açucar	namak | felfel | šekar شکر| فلفل | نمک
café | chá | sobremesa	qahve | čāy | deser دسر | چای | قهوه
água | com gás | sem gás	āb | gāzdār | bigāz بی گاز | گازدار | آب
uma colher | um garfo | uma faca	yek qāšoq | yek čangāl | yek kārd یک کارد | یک چنگال | یک قاشق
um prato | um guardanapo	yek bošqāb | yek dastmāl یک دستمال | یک بشقاب

Bom apetite!	meyl befarmāyid! میل بفرمایید!
Mais um, por favor.	yeki digar lotfan یکی دیگر لطفاً.
Estava delicioso.	besyār xošmaze bud بسیار خوشمزه بود.

conta | troco | gorjeta	surat hesāb | pul-e xord | an'ām انعام | پول خرد | صورت حساب
A conta, por favor.	surat hesab, lotfan صورت حساب لطفاً.
Posso pagar com cartão de crédito?	mitavānam bā kārt bepardāzam? می توانم با کارت بپردازم؟
Desculpe, mas tem um erro aqui.	bebaxšid, fekr mikonam injā eštebāhi sode ast ببخشید، فکرمی کنم اینجا اشتباهی شده است.

Centro Comercial

Posso ajudá-lo /ajudá-la/?	mitavānam komaketān konam? می توانم کمکتان کنم؟
Tem ...?	āyā ... dārid? آیا...دارید؟
Estou à procura de ...	donbāl-e ... migardam دنبال...می گردم
Preciso de ...	be ... ehtiyāj dāram به...أحتیاج دارم
Estou só a ver.	faqat negāh mikonam mamnun فقط نگاه می کنم، ممنون.
Estamos só a ver.	faqat negāh mikonim, mamnun فقط نگاه می کنیم، ممنون.
Volto mais tarde.	yek bār-e digar xāham āmad یک بار دیگر خواهم آمد.
Voltamos mais tarde.	yek bār-e digar xāhim āmad یک بار دیگر خواهیم آمد.
descontos | saldos	taxfif | harāj حراج | تخفیف
Mostre-me, por favor ...	mitavānid lotfan ... rā be man nešān bedahid می توانید لطفاً ... را به من بدهید؟
Dê-me, por favor ...	lotfan ... rā be man bedahid لطفاً...را به من بدهید
Posso experimentar?	mitavānam in rā emtehān konam? می توانم این را امتحان کنم؟
Desculpe, onde fica a cabine de prova?	bebaxšid, kabin-e porov kojāst? ببخشید، کابین پرو کجاست؟
Que cor prefere?	če rangi rā dust dā rid? چه رنگی را دوست دارید؟
tamanho | cvomprimento	sā yz | bolandi بلندی | سایز
Como lhe fica?	āyā sāyz-e šomā mibāšad? آیا سایز شما می باشد؟
Quanto é que isto custa?	qeymat-e ān čand ast? قیمت آن چند است؟
É muito caro.	xeyli gerān ast خیلی گران است.
Eu fico com ele.	ān rā rā migiram آن را می گیرم.

Desculpe, onde fica a caixa?	bebaxšid, sandoq kojāst? ببخشید، صندوق کجاست؟
Vai pagar a dinheiro ou com cartão de crédito?	be surat-e naqdi ya bā kārt-e e'tebāri pardāxt mikonid? به صورت نقدی یا با کارت اعتباری پرداخت می کنید؟
A dinheiro | com cartão de crédito	naqdi | bā kārt-e e'tebāri با کارت اعتباری I نقدی

Pretende fatura?	resid mixāhid? رسید می خواهید؟
Sim, por favor.	bale, lotfan بله، لطفاً.
Não. Está bem!	xeyr, niyāzi nist خیر، نیازی نیست.
Obrigado /Obrigada/. Tenha um bom dia!	mamnum ruzetān xoš! ممنون، روزتان خوش!

Na cidade

Desculpe, por favor ...	bebaxšid, ...ببخشید،
Estou à procura ...	donbāl-e ... migardam دنبال...می گردم
do metro	metro مترو
do meu hotel	hotel-e man هتل من
do cinema	cinamā سینما
da praça de táxis	istgāh-e tāksi ایستگاه تاکسی

do multibanco	xodpardāz خودپرداز
de uma casa de câmbio	daftar-e sarāfi دفتر صرافی
de um café internet	kāfinet کافی نت
da rua ...	xiyābān-e ... خیابان...
deste lugar	in makān این مکان

Sabe dizer-me onde fica ...?	āyā midānid ... kojāst آیا می دانید...کجاست؟
Como se chama esta rua?	in če xiyābāni ast? این چه خیابانی است؟
Mostre-me onde estamos de momento.	lotfan be man nešān bedahid alān kojā hastim لطفاً به من نشان بدهید الان کجا هستیم.

Posso ir até lá a pé?	mitavānam piyāde beravam? می توانم پیاده بروم؟
Tem algum mapa da cidade?	naqše-ye šahr rā dārid? نقشه شهر را دارید؟

Quanto custa a entrada?	qeymat-e yek bilit čand ast? قیمت یک بلیط چند است؟
Pode-se fotografar aqui?	āyā mitavānam aks begiram? آیا می توانم عکس بگیرم؟
Estão abertos?	bāz hastid? باز هستید؟

A que horas abrem?

če sāati bāz mikonid?

چه ساعتی باز می کنید؟

A que horas fecham?

če sāati mibandid?

چه ساعتی می بندید؟

Dinheiro

dinheiro	pul پول
a dinheiro	pul-e naqd پول نقد
dinheiro de papel	eskenās اسکناس
troco	pul-e xord پول خرد
conta | troco | gorjeta	surat hesāb | pul-e xord | an'ām انعام ا پول خرد ا صورت حساب

cartão de crédito	kārt-e e'tebāri کارت اعتباری
carteira	kif-e pul کیف پول
comprar	xaridan خریدن
pagar	pardāxt kardan پرداخت کردن
multa	jarime جریمه
gratuito	rāygān رایگان

Onde é que posso comprar ...?	kojā mitavānam ... bexaram? کجا می توانم...بخرم؟
O banco está aberto agora?	āyā alān bānk bāz ast? آیا الان بانک باز است؟
Quando abre?	če sāati bāz mikonad? چه ساعتی بازمی کند؟
Quando fecha?	če sāati mibandad? چه ساعتی می بندد؟

Quanto?	čand ast? چنداست؟
Quanto custa isto?	qeymat-e ān čand ast? قیمت آن چند است؟
É muito caro.	xeyli gerān ast خیلی گران است.

Desculpe, onde fica a caixa?	bebaxšid, sandoq kojāst? ببخشید،صندوق کجاست؟
A conta, por favor.	surat hesāb, lotfan صورت حساب، لطفاً.

Posso pagar com cartão de crédito?	mitavānam bā kārt bepardāzam? می توانم با کارت بپردازم؟
Há algum Multibanco aqui?	āyā injā xodpardāz hast? آیا اینجا خودپرداز هست؟
Estou à procura de um Multibanco.	donbāl-e yek xodpardāz migardam دنبال یک خودپرداز می گردم.
Estou à procura de uma casa de câmbio.	donbāl-e sarrāfi migardam دنبال صرافی می گردم.
Eu gostaria de trocar ...	mixāham ... avaz konam می خواهم...عوض کنم.
Qual a taxa de câmbio?	nerx-e arz čeqadr ast? نرخ ارز چقدر است؟
Precisa do meu passaporte?	āyā gozarnāme-ye man rā lāzem dārid? آیا گذرنامه من را لازم دارید؟

Tempo

Que horas são?	sāat čand ast? ساعت چند است؟
Quando?	key? کی؟
A que horas?	če sāati? چه ساعتی؟
agora | mais tarde | depois ...	alān | dirtar | ba'd بعد | دیرتر | الان

uma em ponto	sāat-e yek ساعت یک
uma e quinze	sāat-e yek-o-rob ساعت یک و ربع
uma e trinta	sāat-e yek-o-nim ساعت یک و نیم
uma e quarenta e cinco	yek rob be do یک ربع به دو

um | dois | três	yek | do | se سه | دو | یک
quatro | cinco | seis	čāhār | panj | šeš شش | پنج | چهار
set | oito | nove	haft | hašt | noh نه | هشت | هفت
dez | onze | doze	dah | yāzdah | davāzdah دوازده | یازده | ده

dentro de ...	tā ... digar تا...دیگر
5 minutos	panj daqiqe پنج دقیقه
10 minutos	dah daqiqe ده دقیقه
15 minutos	pānzdah daqiqe پانزده دقیقه
20 minutos	bist daqiqe بیست دقیقه

meia hora	nim sāat نیم ساعت
uma hora	yek sāat یک ساعت

de manhã	sobh
	صبح
de manhã cedo	sobh-e zud
	صبح زود
esta manhã	emruz sobh
	امروزصبح
amanhã de manhã	fardā sobh
	فردا صبح

ao meio-dia	zohr
	ظهر
à tarde	ba'd az zohr
	بعد ازظهر
à noite (das 18h às 24h)	šab
	شب
esta noite	emšab
	امشب

à noite (da 0h às 6h)	šab
	شب
ontem	diruz
	دیروز
hoje	emruz
	امروز
amanhã	fardā
	فردا
depois de amanhã	pas fardā
	پس فردا

Que dia é hoje?	emruz če ruzi ast?
	امروزچه روزی است؟
Hoje é ...	emruz ... ast
	امروز...است
segunda-feira	došanbe
	دوشنبه
terça-feira	sešanbe
	سه شنبه
quarta-feira	čāhāršanbe
	چهارشنبه

quinta-feira	panjšanbe
	پنجشنبه
sexta-feira	jom'e
	جمعه
sábado	šanbe
	شنبه
domingo	yekšanbe
	یکشنبه

Saudações. Apresentações

Olá!	salām
	سلام.
Prazer em conhecê-lo /conhecê-la/.	xošbaxtam
	خوشبختم.
O prazer é todo meu.	man ham hamintor
	من هم همینطور.
Apresento-lhe ...	... rā be šomā mo'arefi mikonam
	...را به شما معرفی می کنم
Muito prazer.	az didāretan xošbaxtam
	از دیدارتان خوشبختم.

Como está?	hāletān četor ast?
	حالتان چطور است؟
Chamo-me ...	esm-e man ... ast
	اسم من...است.
Ele chama-se ...	esm-e u ... ast
	اسم او...است.
Ela chama-se ...	esm-e u ... ast
	اسم او...است.
Como é que o senhor /a senhora/ se chama?	esm-e šomā čist?
	اسم شما چیست؟
Como é que ela se chama?	esm-e u čist?
	اسم او چیست؟
Como é que ela se chama?	esm-e u čist?
	اسم او چیست؟

Qual o seu apelido?	nām xānevādegi-ye šomā čist?
	نام خانوادگی شما چیست؟
Pode chamar-me ...	mitavānid man rā ... sedā konid
	می توانید من را...صدا کنید
De onde é?	ahl-e kojāhastid?
	اهل کجا هستید؟
Sou de ...	ahl-e ... hastam
	اهل...هستم.
O que faz na vida?	šoql-e šomā čist?
	شغل شما چیست؟
Quem é este?	kiye?
	کیه؟
Quem é ele?	u kist?
	اوکیست؟
Quem é ela?	u kist?
	اوکیست؟
Quem são eles?	ānhā ki hatand?
	آنها کی هستند؟

Este é ...	u ... ast
	او...است
o meu amigo	dust-e man
	دوست من
a minha amiga	dust-e man
	دوست من
o meu marido	šohar-e mn
	شوهر من
a minha mulher	zan-e man
	زن من
o meu pai	pedar-e man
	پدر من
a minha mãe	mādar-e man
	مادر من
o meu irmão	barādar-e man
	برادر من
a minha irmã	xāhar-e man
	خواهر من
o meu filho	pesar-e man
	پسر من
a minha filha	doxtar-e man
	دختر من
Este é o nosso filho.	pesar-e māst
	پسر ماست.
Este é a nossa filha.	doxtar-e māst
	دخترماست.
Estes são os meus filhos.	farzandān-e man hastand
	فرزندان من هستند.
Estes são os nossos filhos.	farzandān-e mā hastand
	فرزندان ما هستند.

Despedidas

Adeus!	xodāhāfez! خداحافظ!
Tchau!	bāy bāy! بای بای!
Até amanhã.	tā fardā تا فردا.
Até breve.	tā be zudi تا به زودی.
Até às sete.	tā sāat-e haft تا ساعت هفت.
Diverte-te!	xoš begzarad! خوش بگذرد!
Falamos mais tarde.	hamdigar rā ba'dan mibinim همدیگررا بعدا می بینیم.
Bom fim de semana.	āxar-e hafte xoš آخر هفته خوش.
Boa noite.	šab xoš شب خوش.
Está na hora.	vaqt-e raftan-e man ast وقت رفتن من است.
Preciso de ir embora.	bāyad beravam باید بروم.
Volto já.	zud barmigardam زود بر می گردم.
Já é tarde.	dir ast دیراست.
Tenho de me levantar cedo.	bāyad zud az xāb bidār šavam باید زود از خواب بیدار شوم.
Vou-me embora amanhã.	fardā be safar miravam فردا به سفر می روم.
Vamos embora amanhã.	fardā be safar miravim فردا به سفر می رویم.
Boa viagem!	safar be xeyr! سفر به خیر!
Tive muito prazer em conhecer-vos.	az āšnāyi bā šomā xošbaxtam ازآشنایی با شما خوشبختم.
Foi muito agradável falar consigo.	az sohbat bā šomā xošhāl šodam ازصحبت با شما خوشحال شدم.
Obrigado /Obrigada/ por tudo.	barāye hame čiz mamnun برای همه چیز ممنونم.

Passei um tempo muito agradável.	oqāt-e xubi rā gozarāndam اوقات خوبی را گذراندم.
Passámos um tempo muito agradável.	oqāt-e xubi rā gozarāndim اوقات خوبی را گذراندیم.
Foi mesmo fantástico.	xeyli xoš gozašt خیلی خوش گذشت.
Vou ter saudades suas.	delam barāyetān tang mišavad دلم برایتان تنگ می شود.
Vamos ter saudades suas.	delamān barāyetān tang mišavad دلمان برایتان تنگ می شود.

Boa sorte!	movaffaq bāšid! موفق باشید!
Dê cumprimentos a ...	salām-e an rā be ... beresānid سلام من را به...برسانید.

Língua estrangeira

Eu não entendo.	motevajjeh nemišavam
	متوجه نمی شوم.
Escreva isso, por favor.	lotfan ānrā þenevisid
	لطفاً آنرا بنویسید.
O senhor /a senhora/ fala ...?	āyā ... sohbat mikonid
	آیا...صحبت می کنید؟

Eu falo um pouco de ...	kami ... sohbat mikonam
	کمی...صحبت می کنم
Inglês	ingilisi
	انگلیسی
Turco	torki
	ترکی
Árabe	arabi
	عربی
Francês	farānsavi
	فرانسوی

Alemão	ālmāni
	آلمانی
Italiano	itāliyāyi
	ایتالیایی
Espanhol	espāniyāyi
	اسپانیایی
Português	porteqāli
	پرتغالی
Chinês	čini
	چینی
Japonês	žāponi
	ژاپنی

Pode repetir isso, por favor.	lotfan mitavānid tekrār konid
	لطفاً می توانید تکرار کنید.
Compreendo.	motevajjeh mišavam
	متوجه می شوم.
Eu não entendo.	motevajjeh nemišavam
	متوجه نمی شوم.
Por favor fale mais devagar.	lotfan aheste tar sohbat konid
	لطفاً آهسته ترصحبت کنید.

Isso está certo?	āyā dorost miguyam?
	آیا درست می گویم؟
O que é isto? (O que significa?)	ya'ni če?
	یعنی چه؟

Desculpas

Desculpe-me, por favor.	bebaxsid, lotfan ببخشيد، لطفاً.
Lamento.	moteasefam متاسفم.
Tenho muita pena.	vage'an moteasefam واقعا متاسفم.
Desculpe, a culpa é minha.	moteasefam, taqsir-e man ast متاسفم، تقصيرمن است.
O erro foi meu.	man eštebāh kardam من اشتباه كردم.

Posso ...?	mitavānam ...? مى توانم...؟
O senhor /a senhora/ não se importa se eu ...?	barāye šomā eškāli nadārad agar man ...? براى شما اشكالى ندارد اگرمن...؟

Não faz mal.	mohem nist مهم نيست.
Está tudo em ordem.	moškeli nist مشكلى نيست.
Não se preocupe.	mas'alei nist مسئله اى نيست.

Acordo

Sim.	bale بله
Sim, claro.	bale, albate بله، البته.
Está bem!	xub. خوب.
Muito bem.	xeyli xub خیلی خوب.
Claro!	albate! البته!
Concordo.	movāfeq hastam موافق هستم.
Certo.	dorost ast درست است.
Correto.	dorost ast درست است.
Tem razão.	rāst miguyid راست می گویید.
Eu não me oponho.	moxālef nistam مخالف نیستم.
Absolutamente certo.	kāmelan dorost ast کاملا درست است.
É possível.	momken ast ممکن است.
É uma boa ideia.	fekr-e xubi ast فکر خوبی است.
Não posso recusar.	nemitavānam na beguyam نمی توانم نه بگویم.
Terei muito gosto.	xošhāl xāham šod خوشحال خواهم شد.
Com prazer.	bā kamāl-e meyl با کمال میل.

Recusa. Expressão de dúvida

Não.	xeyr خیر
Claro que não.	aslan اصلا.
Não concordo.	movāfeq nistam موافق نیستم.
Não creio.	fekr nemikonam فکر نمی کنم.
Isso não é verdade.	dorost nist درست نیست.

O senhor /a senhora/ não tem razão.	eštebāh mikonid اشتباه می کنید.
Acho que o senhor /a senhora/ não tem razão.	fekr mikonam ke eštebāh mikonid فکر می کنم که اشتباه می کنید.

Não tenho a certeza.	motma'en nistam مطمئن نیستم
É impossível.	qeyre momken ast غیر ممکن است.
De modo algum!	be hič onvān! به هیچ عنوان!

Exatamente o contrário.	bar aks! برعکس!
Sou contra.	moxālefam مخالفم.

Não me importo.	barāyam farqi nemikonad برایم فرقی نمی کند.
Não faço ideia.	hič nazari nadāram هیچ نظری ندارم.
Não creio.	šak dāram شک دارم.

Desculpe, mas não posso.	moteasefam, nemitavānam متاسفم، نمی توانم.
Desculpe, mas não quero.	moteasefam, nemixāham متاسفم، نمی خواهم.

Desculpe, não quero isso.	mamnun vali barāyam jāleb nist ممنون ولی برایم جالب نیست.
Já é muito tarde.	dir šode ast دیر شده است.

Tenho de me levantar cedo.

bāyad zud az xāb bidār šavam

باید زود از خواب بیدار شوم.

Não me sinto bem.

hālam xub nist

حالم خوب نیست.

Expressão de gratidão

Obrigado /Obrigada/.	mamnun ممنون.
Muito obrigado /obrigada/.	xeyli mamnun خیلی ممنون.
Fico muito grato /grata/.	besyār sepāsgozāram بسیار سپاسگزارم.
Estou-lhe muito reconhecido.	vaqean az šomā motešakkeram واقعا از شما متشکرم.
Estamos-lhe muito reconhecidos.	vaqean az šomā motešakkerim واقعا از شما متشکریم.
Obrigado /Obrigada/ pelo seu tempo.	mamnun ke vaqt gozāštid ممنون که وقت گذاشتید.
Obrigado /Obrigada/ por tudo.	barāye hame čiz mamnun برای همه چیز ممنونم.
Obrigado /Obrigada/ ...	mamnun barāye ... ممنون برای...
... pela sua ajuda	komak-e šomā کمک شما
... por este tempo bem passado	lahezāt-e xubi ke gozarāndim لحظات خوبی که گذراندیم
... pela comida deliciosa	qazā-ye laziz غذای لذیذ
... por esta noite agradável	in šab-e āli این شب عالی
... pelo dia maravilhoso	in ruz-e foqol'āde این روز فوق العاده
... pela jornada fantástica	in safar-e xareqol'āde این سفر خارق العاده
Não tem de quê.	xāheš mikonam خواهش می کنم.
Não precisa agradecer.	xāheš mikonam خواهش می کنم.
Disponha sempre.	bā kamāl-e meyl با کمال میل.
Foi um prazer ajudar.	bāes-e xošhāli bud باعث خوشحالی بود.
Esqueça isso.	qābeli nadāšt قابلی نداشت.
Não se preocupe.	mas'alei nist مسئله ای نیست.

Parabéns. Cumprimentos

Parabéns!	mobārak bāšad! !مبارک باشد
Feliz aniversário!	tavalodet mobārak! !اتولدت مبارک
Feliz Natal!	krismas mobārak! !کریسمس مبارک
Feliz Ano Novo!	sāl-e no mobārak! !سال نو مبارک

Feliz Páscoa!	eyd-e pāk mobārak! !عید پاک مبارک
Feliz Hanukkah!	hānokā mobārak! !هانوکا مبارک

Gostaria de fazer um brinde.	be salāmati benušim .به سلامتی بنوشیم
Saúde!	be salāmati! !به سلامتی
Bebamos a ...!	be salāmati-ye...benušim! !بنوشیم...به سلامتی
Ao nosso sucesso!	be salāmati-ye movaffaqiyat-e mā! !به سلامتی موفقیت ما
Ao vosso sucesso!	be salāmati-ye movaffaqiyat-e šomā! !به سلامتی موفقیت شما

Boa sorte!	movaffaq bāšid! !موفق باشید
Tenha um bom dia!	ruz xoš! !روز خوش
Tenha um bom feriado!	tatilāt xoš! ! تعطیلات خوش
Tenha uma viagem segura!	safar be xeyr! !سفر به خیر
Espero que melhore em breve!	be ārezuye salāmati-ye zudtar-e šomā. .به آرزوی سلامتی زودتر شما

Socializando

Porque é que está chateado /chateada/?	čerā nārāhat hastid? چرا ناراحت هستید؟
Sorria!	labxand bezanid! لبخند بزنید!
Está livre esta noite?	emšab āzād hastid? امشب آزاد هستید؟
Posso oferecer-lhe algo para beber?	mitavānam be yek nušidani da'vatetān konam? می توانم به یک نوشیدنی دعوتتان کنم؟
Você quer dançar?	āyā mixāhid beraqsid? آیا می خواهید برقصید؟
Vamos ao cinema.	āyā dust dārid be cinamā beravim? آیا دوست داریدبه سینما برویم؟
Gostaria de a convidar para ir ...	mitavānam šomā rā ... da'vat konam می توانم شما را ...دعوت کنم
ao restaurante	be resturān به رستوران
ao cinema	be cinamā به سینما
ao teatro	be teātr به تئاتر
passear	be gardeš به گردش
A que horas?	če sāati? چه ساعتی؟
hoje à noite	emšab امشب
às 6 horas	sāat-e šeš ساعت شش
às 7 horas	sāat-e haft ساعت هفت
às 8 horas	sāat-e hašt ساعت هشت
às 9 horas	sāat-e noh ساعت نه
Gosta deste local?	āyā in mahal rā dust dārid? آیا این محل را دوست دارید؟
Está com alguém?	āyā bā kasi be injā āmadeid? آیا با کسی اینجا آمده اید؟

Estou com o meu amigo.	bā dustam hastam
	با دوستم هستم.
Estou com os meus amigos.	bā dustānam hastam
	با دوستانم هستم.
Não, estou sozinho /sozinha/.	na,tanhā hastam
	نه، تنها هستم.

Tens namorado?	dust pesar dāri?
	دوست پسرداری؟
Tenho namorado.	dust pesar dāram
	دوست پسردارم.
Tens namorada?	dust doxtar dāri?
	دوست دختر داری؟
Tenho namorada.	dust doxtar dāram
	دوست دختر دارم.

Posso voltar a vêr-te?	mitavānam dobāre bebinametān?
	می توانم دوباره ببینمتان؟
Posso ligar-te?	mitavānam behetān telefon bezanam?
	می توانم بهتان تلفن بزنم؟
Liga-me.	behem telefn bezan
	بهم تلفن بزن.
Qual é o teu número?	šomāre-ye telefonet čist?
	شماره تلفنت چیست؟
Tenho saudades tuas.	delam barāyat tang šode ast
	دلم برایت تنگ شده است.

Tem um nome muito bonito.	esm-e gašangi dārid
	اسم قشنگی دارید.
Amo-te.	dustat dāram
	دوستت دارم.
Quer casar comigo?	mixāhi bā man ezdevāj koni?
	می خواهی با من ازدواج کنی؟
Você está a brincar!	šuxi mikonid!
	!شوخی می کنید
Estou só a brincar.	šuxi mikonam
	شوخی می کنم.

Está a falar a sério?	jeddi miguyid?
	جدی می گویید؟
Estou a falar a sério.	jeddi miguyam
	جدی می گویم.
De verdade?!	vāqean?!
	!واقعا؟
Incrível!	bāvar nakadani ast
	باورنکردنی است
Não acredito.	harfetān rā bāvar nemikonam
	حرفتان را باور نمی کنم.
Não posso.	nemitavānam
	نمی توانم.
Não sei.	nemidānam
	نمی دانم.

Não entendo o que está a dizer.	harfetān rā nemifahmam
	حرفتان را نمی فهمم.
Saia, por favor.	lotfan beravid!
	!الطفاً بروید
Deixe-me em paz!	lotfan marā rāhat begozārid!
	!مرا راحت بگذارید

Eu não o suporto.	nemitavānam u rā tahamol konam
	نمی توانم او را تحمل کنم.
Você é detestável!	šomā monzajer konande hastid!
	!شما منزجر کننده هستید
Vou chamar a polícia!	polis rā sedā mizanam!
	!پلیس را صدا می زنم

Partilha de impressões. Emoções

Gosto disto.	in rã dust dãram این را دوست دارم.
É muito simpático.	xeyli xub ast خیلی خوب است.
Fixe!	ãli ast! عالی است!
Não é mau.	bad nist بد نیست.

Não gosto disto.	in rã dust nadãram این را دوست ندارم.
Isso não está certo.	xub nist خوب نیست.
Isso é mau.	bad ast بد است.
Isso é muito mau.	aslan xub nist اصلا خوب نیست.
Isso é asqueroso.	mozajer knande ast منزجر کننده است.

Estou feliz.	xoshãl hastam خوشحال هستم.
Estou contente.	xošbaxt hastam خوشبخت هستم.
Estou apaixonado /apaixonada/.	ãšeq hastam عاشق هستم.
Estou calmo /calma/.	ãrãm hastam آرام هستم.
Estou aborrecido /aborrecida/.	kesel hastam کسل هستم.

Estou cansado /cansada/.	xaste-am خسته ام.
Estou triste.	nãrãhat hastam ناراحت هستم.
Estou apavorado /apavorada/.	mitarsam می ترسم.

Estou zangado /zangada/.	asabãni hastam عصبانی هستم.
Estou preocupado /preocupada/.	negarãn hastam نگران هستم.
Estou nervoso /nervosa/.	asabi hastam عصبی هستم.

Estou ciumento /ciumenta/.   hasud hastam
حسود هستم.

Estou surpreendido /surpreendida/.   mote'ajeb hastam
متعجب هستم.

Estou perplexo /perplexa/.   bohtzade hastam
بهت زده هستم.

Problemas. Acidentes

Tenho um problema.	yek moškel dāram یک مشکل دارم.
Temos um problema.	yek moškel dārim یک مشکل داریم.
Estou perdido.	gom šodeam گم شده ام.
Perdi o último autocarro.	āxarin otobus (qatār) rā az dast dādeam آخرین اتوبوس (قطار) را از دست دادم.
Não me resta nenhum dinheiro.	digar pul nadāram دیگر پول ندارم.

Eu perdi ...	...-am rā gom kardeam ...ام راگم کرده ام.
Roubaram-me ...	...-am rā dozdidand ...ام را دزدیدند.
o meu passaporte	gozarnāme گذرنامه
a minha carteira	kif-e pul کیف پول
os meus papéis	madārek مدارک
o meu bilhete	bilit بلیط

o dinheiro	pul پول
a minha mala	kif-e dasti کیف دستی
a minha camara	durbin-e akkāsi دوربین عکاسی
o meu computador	laptāp لپ تاپ
o meu tablet	tablet تبلب
o meu telemóvel	mobāyl موبایل

Ajude-me!	komak! !کمک
O que é que aconteceu?	če ettefāqi oftāde ast? چه اتفاقی افتاده است؟
fogo	ātaš suzi آتش سوزی

tiroteio	tirandāzi تیراندازی
assassínio	qatl قتل
explosão	enfejār انفجار
briga	da'vā دعوا

Chame a polícia!	polis rā xabar konid! !پلیس را خبر کنید
Mais depressa, por favor!	lotfan ajale konid! !لطفاً عجله کنید

Estou à procura de uma esquadra de polícia.	donbāl-e edāre-ye polis migardam دنبال اداره پلیس می گردم.
Preciso de telefonar.	niyāz dāram telefon bezanam نیازدارم تلفن بزنم.
Posso telefonar?	mitavānam az telefon-e šomā estefāde konam? می توانم از تلفن شما استفاده کنم؟

Fui ...	man mored-e ... qarār gereftam من مورد...قرار گرفتم
assaltado /assaltada/	man mored-e hamle qarār gereftam من مورد حمله قرار گرفتم
roubado /roubada/	man mored-e dozdi qarār gereftam من مورد دزدی قرار گرفتم
violada	man mored-e tajāvoz qarār gereftam من مورد تجاوز قرار گرفتم
atacado /atacada/	man kotak xordam من کتک خوردم

Está tudo bem consigo?	xub hastid? خوب هستید؟
Viu quem foi?	didid ki bud? دیدید کی بود؟
Seria capaz de reconhecer a pessoa?	āyā mitavānid in šaxs ra šenāsāyi konid? آیامی توانید این شخص را شناسایی کنید؟
Tem a certeza?	motma'en hastid? مطمئن هستید؟

Acalme-se, por favor.	lotfan ārām bašid لطفاً آرام باشید.
Calma!	ārām bāšid! !آرام باشید
Não se preocupe.	mas'alei nist مسئله ای نیست.
Vai ficar tudo bem.	hame čiz be xubi xāhad gozašt همه چیز به خوبی خواهد گذشت.

Está tudo em ordem.

hame čiz xub ast

همه چیز خوب است.

Chegue aqui, por favor.

lotfan biyāyid injā

لطفاً بیایید اینجا.

Tenho algumas questões a colocar-lhe.

az šomā cand soāl dāram

از شما چند سوال دارم.

Aguarde um momento, por favor.

lotfan yek lahze montazer bemānid

لطفاً یک لحظه منتظر بمانید.

Tem alguma identificação?

kārt-e šenāsāyi dārid?

کارت شناسایی دارید؟

Obrigado. Pode ir.

mamnun, mitavānid beravid

ممنون. می توانید بروید.

Mãos atrás da cabeça!

dast-hā rā pošt-e sar begozārid!

دست ها را پشت سر بگذارید!

Você está preso!

šomā bāzdāšt hastid!

شما بازداشت هستید!

Problemas de saúde

Ajude-me, por favor.	lotfan be man komak konid لطفاً به من کمک کنید.
Não me sinto bem.	hālam xub nist حالم خوب نیست.
O meu marido não se sente bem.	hāl-e šoharam xub nist حال شوهرم خوب نیست.
O meu filho ...	pesaram پسرم...
O meu pai ...	pedaram پدرم...

A minha mulher não se sente bem.	hāl-e zanam xub nist حال زنم خوب نیست.
A minha filha ...	doxtaram دخترم...
A minha mãe ...	mādaram مادرم...

Tenho uma ...	... dard dāram ...درد دارم
dor de cabeça	sar سر
dor de garganta	galu گلو
dor de barriga	me'de معده
dor de dentes	dandān دندان

Estou com tonturas.	sargije dāram سرگیجه دارم.
Ele está com febre.	tab dāram تب دارم.
Ela está com febre.	u tab dārad او تب دارد.
Não consigo respirar.	nemitavānam nafas bekesam نمی توانم نفس بکشم.

Estou a sufocar.	nafaskešidan barāyam saxt ast نفس کشیدن برایم سخت است.
Sou asmático /asmática/.	āsm dāram آسم دارم.
Sou diabético /diabética/.	diyābet dāram دیابت دارم.

Estou com insónia.	nemitavānam bexābam
	نمی توانم بخوابم.
intoxicação alimentar	masmumiyat-e qazāyi
	مسمومیت غذایی

Dói aqui.	injāyam dard mikonad
	اینجایم درد میکند.
Ajude-me!	komak!
	!کمک
Estou aqui!	injā hastam!
	!اینجا هستم
Estamos aqui!	injā hastim!
	!اینجا هستیم
Tirem-me daqui!	man rā az inja xārej konid!
	!من را از اینجا خارج کنید
Preciso de um médico.	ehtiyāj be doktor daram
	احتیاج به دکتر دارم.
Não me consigo mexer.	nimitavānam tekān boxoram
	نمی توانم تکان بخورم.
Não consigo mover as pernas.	nemitavānam pāhāyam ra tekān bedaham
	نمی توانم پاهایم را تکان بدهم.

Estou ferido.	zaxmi šodeam
	زخمی شده ام.
É grave?	jeddi ast?
	جدی است؟
Tenho os documentos no bolso.	madārekam dar jibam hastand
	مدارکم در جیبم هستند.
Acalme-se!	ārām bāšid!
	!آرام باشید
Posso telefonar?	mitavānam az telefon-e šomā estefāde konam?
	می توانم از تلفن شما استفاده کنم؟

Chame uma ambulância!	āmbulāns xabar konid!
	!آمبولانس خبر کنید
É urgente!	fori ast!
	!فوری است
É uma emergência!	uržansi ast!
	!اورژانسی است
Mais depressa, por favor!	lotfan ajale konid!
	!لطفاً عجله کنید

Chame o médico, por favor.	lotfan doktor xabar konid
	لطفاً دکتر خبر کنید.
Onde fica o hospital?	bimārestān kojast
	بیمارستان کجاست؟
Como se sente?	hāletān četor ast?
	حالتان چطور است؟

Está tudo bem consigo?	hame čiz xub ast? همه چیز خوب است؟
O que é que aconteceu?	če ettefāqi oftāde ast? چه اتفاقی افتاده است؟
Já me sinto melhor.	alān hālam behtar ast الان حالم بهتر است.
Está tudo em ordem.	hame čiz xub ast همه چیز خوب است.
Tubo bem.	xub hastam خوب هستم.

Na farmácia

farmácia	dāruxāne
	داروخانه
farmácia de serviço	dāruxāne-ye šabāne ruzi
	داروخانه شبانه روزی
Onde fica a farmácia mais próxima?	nazdiktarin dāruxāne kojāst?
	نزدیک ترین داروخانه کجاست؟

Está aberto agora?	alān bāz ast?
	الان باز است؟
A que horas abre?	če sāati bāz mikonad?
	چه ساعتی باز می کند؟
A que horas fecha?	če sāati mibandad?
	چه ساعتی می بندد؟

Fica longe?	dur ast?
	دور است؟
Posso ir até lá a pé?	mitavānam piyāde beravam?
	می توانم پیاده بروم؟
Pode-me mostrar no mapa?	mitavānid ruye naqše nešānam bedahid?
	می توانید روی نقشه نشانم بدهید؟

Por favor dê-me algo para ...	mitavānid daruyi barāye ... be man bedahid
	می توانید دارویی برای...به من بدهید

as dores de cabeça	sar dard
	سر درد
a tosse	sorfe
	سرفه
o resfriado	sarmā xordegi
	سرماخوردگی
a gripe	grip
	گریپ

a febre	tab
	تب
uma dor de estômago	me'de dard
	معده درد
as náuseas	tahavvo'
	تهوع
a diarreia	eshāl
	اسهال
a constipação	yobusat
	یبوست

as dores nas costas	pošt dard
	پشت درد
as dores no peito	sine dard
	سینه درد
a sutura	pahlu dard
	پهلو درد
as dores abdominais	šekam dard
	شکم درد

comprimido	qors
	قرص
unguento, creme	pomād, kerem
	پماد کرم
charope	šarbat
	شربت
spray	esperey
	اسپری
dropes	qatre
	قطره

Você precisa de ir ao hospital.	bāyad be bimarestān beravid
	بایدبه بیمارستان بروید.
seguro de saúde	bime-ye darmān
	بیمه درمان
prescrição	nosxe
	نسخه
repelente de insetos	made-ye daf'e hašarāt
	ماده دفع حشرات
penso rápido	bāndaž-e časbdār
	بانداژ چسبدار

O mínimo

Desculpe, ...	bebaxšid, ...
	ببخشید،...
Olá!	salām
	سلام.
Obrigado /Obrigada/.	mamnun
	ممنون
Adeus.	xodāhāfez
	خداحافظ.
Sim.	bale
	بله
Não.	xeyr
	خیر
Não sei.	nemidānam
	نمی دانم.
Onde? | Para onde? | Quando?	kojā? | kojā? | key?
	کی؟ | کجا؟ | کجا؟

Preciso de ...	be ... ehtiyāj dāram
	به...احتیاج دارم
Eu queria ...	mixāham ...
	...می خواهم
Tem ...?	āyā ... dārid?
	آیا...دارید؟
Há aqui ...?	āyā injā ... hast?
	آیا اینجا ...هست؟
Posso ...?	mitavānam ...?
	می توانم...؟
..., por favor	lotfan
	لطفاً

Estou à procura de ...	donbāl-e ... migardam
	دنبال...می گردم.
casa de banho	tuālet
	توالت
Multibanco	xodpardāz
	خودپرداز
farmácia	dāruxāne
	داروخانه
hospital	bimārestān
	بیمارستان
esquadra de polícia	edāre-ye polis
	اداره پلیس
metro	istgāh-e metro
	ایستگاه مترو

táxi	tāksi
	تاکسی
estação de comboio	istgāh-e qatār
	ایستگاه قطار

Chamo-me ...	esm-e man ... ast
	اسم من...است.
Como se chama?	esm-e šomā čist?
	اسم شما چیست؟
Pode-me dar uma ajuda?	lotfan mitavānid komakam konid?
	لطفاً می توانید کمکم کنید؟
Tenho um problema.	yek moškel dāram
	یک مشکل دارم.
Não me sinto bem.	hālam xub nist
	حالم خوب نیست.
Chame a ambulância!	āmbulāns xabar konid!
	!آمبولانس خبر کنید
Posso fazer uma chamada?	mitavānam yek telefon bezanam?
	می توانم یک تلفن بزنم؟

Desculpe.	ma'zerat mixāham
	معذرت می خواهم.
De nada.	xāheš mikonam
	خواهش می کنم.

eu	man
	من
tu	to
	تو
ele	u
	او
ela	u
	او
eles	an-hā
	آنها
elas	an-hā
	آنها
nós	mā
	ما
vocês	šomā
	شما
você	šomā
	شما

ENTRADA	vorudi
	ورودی
SAÍDA	xoruji
	خروجی
FORA DE SERVIÇO	xarāb
	خراب
FECHADO	baste
	بسته

ABERTO	bāz
	باز
PARA SENHORAS	zanāne
	زنانه
PARA HOMENS	mardāne
	مردانه

T&P BOOKS

DICIONÁRIO CONCISO

Esta secção contém mais
de 1.500 palavras úteis,
organizadas por ordem
alfabética. O dicionário inclui
muitos termos gastronômicos
e será útil quando pedir
comida num restaurante ou
comprar alimentos numa loja

T&P Books Publishing

CONTEÚDO DO DICIONÁRIO

T&P Books Publishing

tempo (m)	zamān	زمان
hora (f)	sā'at	ساعت
meia hora (f)	nim sā'at	نیم ساعت
minuto (m)	daqiqe	دقیقه
segundo (m)	sānie	ثانیه
hoje	emruz	امروز
amanhã	fardā	فردا
ontem	diruz	دیروز
segunda-feira (f)	došanbe	دوشنبه
terça-feira (f)	se šanbe	سه شنبه
quarta-feira (f)	čāhāršanbe	چهارشنبه
quinta-feira (f)	panj šanbe	پنج شنبه
sexta-feira (f)	jom'e	جمعه
sábado (m)	šanbe	شنبه
domingo (m)	yek šanbe	یک شنبه
dia (m)	ruz	روز
dia (m) de trabalho	ruz-e kāri	روز کاری
feriado (m)	ruz-e jašn	روز جشن
fim (m) de semana	āxar-e hafte	آخر هفته
semana (f)	hafte	هفته
na semana passada	hafte-ye gozašte	هفته گذشته
na próxima semana	hafte-ye āyande	هفته آینده
nascer (m) do sol	tolu-'e āftāb	طلوع آفتاب
pôr do sol (m)	qorub	غروب
de manhã	sobh	صبح
à tarde	ba'd az zohr	بعد ازظهر
à noite (noitinha)	asr	عصر
hoje à noite	emšab	امشب
à noite	šab	شب
meia-noite (f)	nesfe šab	نصفه شب
janeiro (m)	žānvie	ژانویه
fevereiro (m)	fevriye	فوریه
março (m)	mārs	مارس
abril (m)	āvril	آوریل
maio (m)	meh	مه
junho (m)	žuan	ژوئن

julho (m)	žuiye	ژوئیه
agosto (m)	owt	اوت
setembro (m)	septãmbr	سپتامبر
outubro (m)	oktobr	اکتبر
novembro (m)	novãmbr	نوامبر
dezembro (m)	desãmr	دسامبر
na primavera	dar bahãr	در بهار
no verão	dar tãbestãn	در تابستان
no outono	dar pãyiz	در پاییز
no inverno	dar zemestãn	در زمستان
mês (m)	mãh	ماه
estação (f)	fasl	فصل
ano (m)	sãl	سال
século (m)	qarn	قرن

2. Números. Numeração

algarismo, dígito (m)	raqam	رقم
número (m)	adad	عدد
menos (m)	manfi	منفی
mais (m)	mosbat	مثبت
soma (f)	jam'-e kol	جمع کل
primeiro	avvalin	اولین
segundo	dovvomin	دومین
terceiro	sevvomin	سومین
zero	sefr	صفر
um	yek	یک
dois	do	دو
três	se	سه
quatro	čãhãr	چهار
cinco	panj	پنج
seis	šeš	شش
sete	haft	هفت
oito	hašt	هشت
nove	neh	نه
dez	dah	ده
onze	yãzdah	یازده
doze	davãzdah	دوازده
treze	sizdah	سیزده
catorze	čãhãrdah	چهارده
quinze	pãnzdah	پانزده
dezasseis	šãnzdah	شانزده
dezassete	hefdah	هفده

| dezoito | hijdah | هیجده |
| dezanove | nuzdah | نوزده |

vinte	bist	بیست
trinta	si	سی
quarenta	čehel	چهل
cinquenta	panjāh	پنجاه

sessenta	šast	شصت
setenta	haftād	هفتاد
oitenta	haštād	هشتاد
noventa	navad	نود

cem	sad	صد
duzentos	devist	دویست
trezentos	sisad	سیصد
quatrocentos	čāhārsad	چهارصد
quinhentos	pānsad	پانصد

seiscentos	šešsad	ششصد
setecentos	haftsad	هفتصد
oitocentos	haštsad	هشتصد
novecentos	nohsad	نهصد
mil	hezār	هزار

| dez mil | dah hezār | ده هزار |
| cem mil | sad hezār | صد هزار |

| um milhão | milyun | میلیون |
| mil milhões | milyārd | میلیارد |

3. Humanos. Família

homem (m)	mard	مرد
jovem (m)	mard-e javān	مرد جوان
adolescente (m)	nowjavān	نوجوان
mulher (f)	zan	زن
rapariga (f)	doxtar	دختر

idade (f)	sen	سن
adulto	bāleq	بالغ
de meia-idade	miyānsāl	میانسال
de certa idade	sālmand	سالمند
idoso	mosen	مسن

velhote (m)	pirmard	پیرمرد
velhota (f)	pirzan	پیرزن
reforma (f)	mostamerri	مستمری
reformar-se (vp)	bāznešaste šodan	بازنشسته شدن
reformado (m)	bāznešaste	بازنشسته

mãe (f)	mādar	مادر
pai (m)	pedar	پدر
filho (m)	pesar	پسر
filha (f)	doxtar	دختر
irmão (m)	barādar	برادر
irmão mais velho	barādar-e bozorg	برادر بزرگ
irmão mais novo	barādar-e kučak	برادر کوچک
irmã (f)	xāhar	خواهر
irmã mais velha	xāhar-e bozorg	خواهر بزرگ
irmã mais nova	xāhar-e kučak	خواهر کوچک

pais (pl)	vāledeyn	والدین
criança (f)	kudak	کودک
crianças (f pl)	bače-hā	بچه ها
madrasta (f)	nāmādari	نامادری
padrasto (m)	nāpedari	ناپدری

avó (f)	mādarbozorg	مادربزرگ
avô (m)	pedar-bozorg	پدربزرگ
neto (m)	nave	نوه
neta (f)	nave	نوه
netos (pl)	nave-hā	نوه ها
tio (m)	amu	عمو
tia (f)	xāle yā amme	خاله یا عمه
sobrinho (m)	barādar-zāde	برادرزاده
sobrinha (f)	xāhar-zāde	خواهرزاده

mulher (f)	zan	زن
marido (m)	šowhar	شوهر
casado	mote'ahhel	متاهل
casada	mote'ahhel	متاهل
viúva (f)	bive zan	بیوه زن
viúvo (m)	bive	بیوه

nome (m)	esm	اسم
apelido (m)	nām-e xānevādegi	نام خانوادگی

parente (m)	xišāvand	خویشاوند
amigo (m)	dust	دوست
amizade (f)	dusti	دوستی

parceiro (m)	šarik	شریک
superior (m)	ra'is	رئیس
colega (m)	hamkār	همکار
vizinhos (pl)	hamsāye-hā	همسایه ها

4. Corpo humano

organismo (m)	orgānism	ارگانیسم
corpo (m)	badan	بدن

coração (m)	qalb	قلب
sangue (m)	xun	خون
cérebro (m)	maqz	مغز
nervo (m)	asab	عصب

osso (m)	ostexãn	استخوان
esqueleto (m)	eskelet	اسکلت
coluna (f) vertebral	sotun-e faqarãt	ستون فقرات
costela (f)	dande	دنده
crânio (m)	jomjome	جمجمه

músculo (m)	azole	عضله
pulmões (m pl)	rie	ریه
pele (f)	pust	پوست

cabeça (f)	sar	سر
cara (f)	surat	صورت
nariz (m)	bini	بینی
testa (f)	pišãni	پیشانی
bochecha (f)	gune	گونه

boca (f)	dahãn	دهان
língua (f)	zabãn	زبان
dente (m)	dandãn	دندان
lábios (m pl)	lab-hã	لب ها
queixo (m)	čãne	چانه

orelha (f)	guš	گوش
pescoço (m)	gardan	گردن
garganta (f)	galu	گلو

olho (m)	češm	چشم
pupila (f)	mardomak	مردمک
sobrancelha (f)	abru	ابرو
pestana (f)	može	مژه

cabelos (m pl)	mu-hã	مو ها
penteado (m)	model-e mu	مدل مو
bigode (m)	sebil	سبیل
barba (f)	riš	ریش
usar, ter (~ barba, etc.)	gozãštan	گذاشتن
calvo	tãs	طاس

mão (f)	dast	دست
braço (m)	bãzu	بازو
dedo (m)	angošt	انگشت
unha (f)	nãxon	ناخن
palma (f) da mão	kaf-e dast	کف دست

ombro (m)	ketf	کتف
perna (f)	pã	پا
pé (m)	pã	پا

| joelho (m) | zānu | زانو |
| talão (m) | pāšne-ye pā | پاشنۀ پا |

costas (f pl)	pošt	پشت
cintura (f)	dur-e kamar	دور کمر
sinal (m)	xāl	خال
sinal (m) de nascença	xāl-e mādarzād	خال مادرزاد

5. Medicina. Doenças. Drogas

saúde (f)	salāmati	سلامتی
são	sālem	سالم
doença (f)	bimāri	بیماری
estar doente	bimār budan	بیمار بودن
doente	bimār	بیمار

constipação (f)	sarmā xordegi	سرما خوردگی
constipar-se (vp)	sarmā xordan	سرما خوردن
amigdalite (f)	varam-e lowze	ورم لوزه
pneumonia (f)	zātorrie	ذات الریه
gripe (f)	ānfolānzā	آنفولانزا

nariz (m) a escorrer	āb-e rizeš-e bini	آب ریزش بینی
tosse (f)	sorfe	سرفه
tossir (vi)	sorfe kardan	سرفه کردن
espirrar (vi)	atse kardan	عطسه کردن

AVC (m), apoplexia (f)	sekte-ye maqzi	سکته مغزی
ataque (m) cardíaco	sekte-ye qalbi	سکته قلبی
alergia (f)	ālerži	آلرژی
asma (f)	āsm	آسم
diabetes (f)	diyābet	دیابت

tumor (m)	tumor	تومور
cancro (m)	saratān	سرطان
alcoolismo (m)	alkolism	الکلیسم
SIDA (f)	eydz	ایدز
febre (f)	tab	تب
enjoo (m)	daryā-zadegi	دریازدگی

nódoa (f) negra	kabudi	کبودی
galo (m)	barāmadegi	برآمدگی
coxear (vi)	langidan	لنگیدن
deslocação (f)	dar raftegi	دررفتگی
deslocar (vt)	dar raftan	دررفتن

fratura (f)	šekastegi	شکستگی
queimadura (f)	suxtegi	سوختگی
lesão (m)	zaxm	زخم
dor (f)	dard	درد

dor (f) de dentes	dandān-e dard	دندان درد
suar (vi)	araq kardan	عرق کردن
surdo	kar	کر
mudo	lāl	لال

imunidade (f)	masuniyat	مصونیت
vírus (m)	virus	ویروس
micróbio (m)	mikrob	میکروب
bactéria (f)	bākteri	باکتری
infeção (f)	ofunat	عفونت

hospital (m)	bimārestān	بیمارستان
cura (f)	mo'āleje	معالجه
vacinar (vt)	vāksine kardan	واکسینه کردن
estar em coma	dar komā budan	در کما بودن
reanimação (f)	morāqebat-e viže	مراقبت ویژه
sintoma (m)	alāem-e bimāri	علائم بیماری
pulso (m)	nabz	نبض

6. Sentimentos. Emoções. Conversação

eu	man	من
tu	to	تو
ele, ela	u	او

nós	mā	ما
vocês	šomā	شما
eles, -as	ān-hā	آنها

Bom dia! (formal)	salām	سلام
Bom dia! (de manhã)	sobh bexeyr	صبح بخیر
Boa tarde!	ruz bexeyr!	روز بخیر!
Boa noite!	asr bexeyr	عصر بخیر

cumprimentar (vt)	salām kardan	سلام کردن
saudar (vt)	salām kardan	سلام کردن
Como vai?	haletān četowr ast?	حالتان چطور است؟
Como vais?	četorid?	چطورید؟
Adeus! (formal)	xodāhāfez	خداحافظ
Até à vista! (informal)	bāy bāy	بای بای
Obrigado! -a!	motešakker-am!	متشکرم!

sentimentos (m pl)	ehsāsat	احساسات
ter fome	gorosne budan	گرسنه بودن
ter sede	tešne budan	تشنه بودن
cansado	xaste	خسته

preocupar-se (vp)	negarān šodan	نگران شدن
estar nervoso	asabi šodan	عصبی شدن
esperança (f)	omid	امید

esperar (vt)	omid dāštan	امید داشتن
caráter (m)	šaxsiyat	شخصیت
modesto	forutan	فروتن
preguiçoso	tanbal	تنبل
generoso	ba sexāvat	با سخاوت
talentoso	bā este'dād	با استعداد

honesto	sādeq	صادق
sério	jeddi	جدی
tímido	xejālati	خجالتی
sincero	sādeq	صادق
cobarde (m)	tarsu	ترسو

dormir (vi)	xābidan	خوابیدن
sonho (m)	royā	رویا
cama (f)	taxt-e xāb	تخت خواب
almofada (f)	bālešt	بالشت

insónia (f)	bi-xābi	بیخوابی
ir para a cama	be raxtexāb raftan	به رختخواب رفتن
pesadelo (m)	kābus	کابوس
despertador (m)	sā'at-e zang dār	ساعت زنگ دار

sorriso (m)	labxand	لبخند
sorrir (vi)	labxand zadan	لبخند زدن
rir (vi)	xandidan	خندیدن

discussão (f)	da'vā	دعوا
insulto (m)	towhin	توهین
ofensa (f)	ranješ	رنجش
zangado	xašmgin	خشمگین

7. Vestuário. Acessórios pessoais

roupa (f)	lebās	لباس
sobretudo (m)	pāltow	پالتو
casaco (m) de peles	pālto-ye pustin	پالتوی پوستین
casaco, blusão (m)	kot	کت
impermeável (m)	bārāni	بارانی

camisa (f)	pirāhan	پیراهن
calças (f pl)	šalvār	شلوار
casaco (m) de fato	kot	کت
fato (m)	kat-o šalvār	کت و شلوار

vestido (ex. ~ vermelho)	lebās	لباس
saia (f)	dāman	دامن
T-shirt, camiseta (f)	tey šarr-at	تی شرت
roupão (m) de banho	howle-ye hamām	حوله حمام
pijama (m)	pižāme	پیژامه

roupa (f) de trabalho	lebās-e kār	لباس کار
roupa (f) interior	lebās-e zir	لباس زیر
peúgas (f pl)	jurāb	جوراب
sutiã (m)	sine-ye band	سینه بند
meias-calças (f pl)	jurāb-e šalvāri	جوراب شلواری
meias (f pl)	jurāb-e sāqeboland	جوراب ساقه بلند
fato (m) de banho	māyo	مایو

chapéu (m)	kolāh	کلاه
calçado (m)	kafš	کفش
botas (f pl)	čakme	چکمه
salto (m)	pāšne-ye kafš	پاشنهٔ کفش
atacador (m)	band-e kafš	بند کفش
graxa (f) para calçado	vāks	واکس

algodão (m)	panbe	پنبه
lã (f)	pašm	پشم
pele (f)	xaz	خز

luvas (f pl)	dastkeš	دستکش
mitenes (f pl)	dastkeš-e yek angošti	دستکش یک انگشتی
cachecol (m)	šāl-e gardan	شال گردن
óculos (m pl)	eynak	عینک
guarda-chuva (m)	čatr	چتر

gravata (f)	kerāvāt	کراوات
lenço (m)	dastmāl	دستمال
pente (m)	šāne	شانه
escova (f) para o cabelo	bores-e mu	برس مو

fivela (f)	sagak	سگک
cinto (m)	kamarband	کمربند
bolsa (f) de senhora	keyf-e zanāne	کیف زنانه

colarinho (m), gola (f)	yaqe	یقه
bolso (m)	jib	جیب
manga (f)	āstin	آستین
braguilha (f)	zip	زیپ

fecho (m) de correr	zip	زیپ
botão (m)	dokme	دکمه
sujar-se (vp)	kasif šodan	کثیف شدن
mancha (f)	lakke	لکه

8. Cidade. Instituições urbanas

loja (f)	maqāze	مغازه
centro (m) comercial	markaz-e tejāri	مرکز تجاری
supermercado (m)	supermārket	سوپرمارکت
sapataria (f)	kafš foruši	کفش فروشی

livraria (f)	ketāb-foruši	کتاب فروشی
farmácia (f)	dāruxāne	داروخانه
padaria (f)	nānvāyi	نانوایی
pastelaria (f)	qannādi	قنادی
mercearia (f)	baqqāli	بقالی
talho (m)	gušt foruši	گوشت فروشی
loja (f) de legumes	sabzi foruši	سبزی فروشی
mercado (m)	bāzār	بازار
salão (m) de cabeleireiro	ārāyešgāh	آرایشگاه
correios (m pl)	post	پست
lavandaria (f)	xošk-šuyi	خشک‌شویی
circo (m)	sirak	سیرک
jardim (m) zoológico	bāq-e vahš	باغ وحش
teatro (m)	teātr	تئاتر
cinema (m)	sinamā	سینما
museu (m)	muze	موزه
biblioteca (f)	ketābxāne	کتابخانه
mesquita (f)	masjed	مسجد
sinagoga (f)	kenešt	کنشت
catedral (f)	kelisā-ye jāme'	کلیسای جامع
templo (m)	ma'bad	معبد
igreja (f)	kelisā	کلیسا
instituto (m)	anistito	انستیتو
universidade (f)	dānešgāh	دانشگاه
escola (f)	madrese	مدرسه
hotel (m)	hotel	هتل
banco (m)	bānk	بانک
embaixada (f)	sefārat	سفارت
agência (f) de viagens	āžāns-e jahāngardi	آژانس جهانگردی
metro (m)	metro	مترو
hospital (m)	bimārestān	بیمارستان
posto (m) de gasolina	pomp-e benzin	پمپ بنزین
parque (m) de estacionamento	pārking	پارکینگ
ENTRADA	vorud	ورود
SAÍDA	xoruj	خروج
EMPURRE	hel dādan	هل دادن
PUXE	bekešid	بکشید
ABERTO	bāz	باز
FECHADO	baste	بسته
monumento (m)	mojassame	مجسمه
fortaleza (f)	qal'e	قلعه
palácio (m)	kāx	کاخ
medieval	qorun-e vasati	قرون وسطی

antigo	qadimi	قدیمی
nacional	melli	ملی
conhecido	mašhur	مشهور

9. Dinheiro. Finanças

dinheiro (m)	pul	پول
moeda (f)	sekke	سکه
dólar (m)	dolār	دلار
euro (m)	yuro	یورو

Caixa Multibanco (m)	xodpardāz	خودپرداز
casa (f) de câmbio	sarrāfi	صرافی
taxa (f) de câmbio	nerx-e arz	نرخ ارز
dinheiro (m) vivo	pul-e naqd	پول نقد

Quanto?	čeqadr?	چقدر؟
pagar (vt)	pardāxtan	پرداختن
pagamento (m)	pardāxt	پرداخت
troco (m)	pul-e xerad	پول خرد

preço (m)	qeymat	قیمت
desconto (m)	taxfif	تخفیف
barato	arzān	ارزان
caro	gerān	گران

banco (m)	bānk	بانک
conta (f)	hesāb-e bānki	حساب بانکی
cartão (m) de crédito	kārt-e e'tebāri	کارت اعتباری
cheque (m)	ček	چک
passar um cheque	ček neveštan	چک نوشتن
livro (m) de cheques	daste-ye ček	دسته چک

dívida (f)	qarz	قرض
devedor (m)	bedehkār	بدهکار
emprestar (vt)	qarz dādan	قرض دادن
pedir emprestado	qarz gereftan	قرض گرفتن

alugar (vestidos, etc.)	kerāye kardan	کرایه کردن
a crédito	xarid-e e'tebāri	خرید اعتباری
carteira (f)	kif-e pul	کیف پول
cofre (m)	gāvsanduq	گاوصندوق
herança (f)	mirās	میراث
fortuna (riqueza)	dārāyi	دارایی

imposto (m)	māliyāt	مالیات
multa (f)	jarime	جریمه
multar (vt)	jarime kardan	جریمه کردن
grossista	omde	عمده
a retalho	xorde-foruši	خرده فروشی

fazer um seguro	bime kardan	بیمه کردن
seguro (m)	bime	بیمه
capital (m)	sarmāye	سرمایه
volume (m) de negócios	gardeš mo'āmelāt	گردش معاملات
ação (f)	sahām	سهام
lucro (m)	sud	سود
lucrativo	sudāvar	سودآور
crise (f)	bohrān	بحران
bancarrota (f)	varšekastegi	ورشکستگی
entrar em falência	varšekast šodan	ورشکست شدن
contabilista (m)	hesābdār	حسابدار
salário, ordenado (m)	hoquq	حقوق
prémio (m)	pādāš	پاداش

10. Transportes

autocarro (m)	otobus	اتوبوس
elétrico (m)	terāmvā	تراموا
troleicarro (m)	otobus-e barqi	اتوبوس برقی
ir de ... (carro, etc.)	raftan bā	رفتن با
entrar (~ no autocarro)	savār šodan	سوار شدن
descer de ...	piyāde šodan	پیاده شدن
paragem (f)	istgāh-e otobus	ایستگاه اتوبوس
ponto (m) final	istgāh-e āxar	ایستگاه آخر
horário (m)	barnāme	برنامه
bilhete (m)	belit	بلیط
atrasar-se (vp)	ta'xir dāštan	تأخیرداشتن
táxi (m)	tāksi	تاکسی
de táxi (ir ~)	bā tāksi	با تاکسی
praça (f) de táxis	istgāh-e tāksi	ایستگاه تاکسی
tráfego (m)	obur-o morur	عبور و مرور
horas (f pl) de ponta	sā'at-e šoluqi	ساعت شلوغی
estacionar (vi)	pārk kardan	پارک کردن
metro (m)	metro	مترو
estação (f)	istgāh	ایستگاه
comboio (m)	qatār	قطار
estação (f)	istgāh-e rāh-e āhan	ایستگاه راه آهن
trilhos (m pl)	reyl-hā	ریل ها
compartimento (m)	kupe	کوپه
cama (f)	taxt-e kupe	تخت کوپه
avião (m)	havāpeymā	هواپیما
bilhete (m) de avião	belit-e havāpeymā	بلیط هواپیما

| companhia (f) aérea | šerkat-e havāpeymāyi | شرکت هواپیمایی |
| aeroporto (m) | forudgāh | فرودگاه |

voo (m)	parvāz	پرواز
bagagem (f)	bār	بار
carrinho (m)	čarx-e hamle bar	چرخ حمل بار

navio (m)	kešti	کشتی
transatlântico (m)	kešti-ye tafrihi	کشتی تفریحی
iate (m)	qāyeq-e tafrihi	قایق تفریحی
bote, barco (m)	qāyeq	قایق

capitão (m)	kāpitān	کاپیتان
camarote (m)	otāq-e kešti	اتاق کشتی
porto (m)	bandar	بندر

bicicleta (f)	dočarxe	دوچرخه
scotter, lambreta (f)	eskuter	اسکوتر
mota (f)	motorsiklet	موتورسیکلت
pedal (m)	pedāl	پدال
bomba (f) de ar	pomp	پمپ
roda (f)	čarx	چرخ

carro, automóvel (m)	otomobil	اتومبیل
ambulância (f)	āmbolāns	آمبولانس
camião (m)	kāmiyon	کامیون
usado	dast-e dovvom	دست دوم
acidente (m) de carro	tasādof	تصادف
reparação (f)	ta'mir	تعمیر

11. Comida. Parte 1

carne (f)	gušt	گوشت
galinha (f)	morq	مرغ
pato (m)	ordak	اردک

carne (f) de porco	gušt-e xuk	گوشت خوک
carne (f) de vitela	gušt-e gusāle	گوشت گوساله
carne (f) de carneiro	gušt-e gusfand	گوشت گوسفند
carne (f) de vaca	gušt-e gāv	گوشت گاو

chouriço (m)	kālbās	کالباس
ovo (m)	toxm-e morq	تخم مرغ
peixe (m)	māhi	ماهی
queijo (m)	panir	پنیر
açúcar (m)	qand	قند
sal (m)	namak	نمک

| arroz (m) | berenj | برنج |
| massas (f pl) | mākāroni | ماکارونی |

manteiga (f)	kare	کره
óleo (m)	rowqan-e nabāti	روغن نباتی
pão (m)	nān	نان
chocolate (m)	šokolāt	شکلات

vinho (m)	šarāb	شراب
café (m)	qahve	قهوه
leite (m)	šir	شیر
sumo (m)	āb-e mive	آب میوه
cerveja (f)	ābejow	آبجو
chá (m)	čāy	چای

tomate (m)	gowje farangi	گوجه فرنگی
pepino (m)	xiyār	خیار
cenoura (f)	havij	هویج
batata (f)	sib zamini	سیب زمینی
cebola (f)	piyāz	پیاز
alho (m)	sir	سیر

couve (f)	kalam	کلم
beterraba (f)	čoqondar	چغندر
beringela (f)	bādenjān	بادنجان
funcho, endro (m)	šavid	شوید
alface (f)	kāhu	کاهو
milho (m)	zorrat	ذرت

fruta (f)	mive	میوه
maçã (f)	sib	سیب
pera (f)	golābi	گلابی
limão (m)	limu	لیمو
laranja (f)	porteqāl	پرتقال
morango (m)	tut-e farangi	توت فرنگی

ameixa (f)	ālu	آلو
framboesa (f)	tamešk	تمشک
ananás (m)	ānānās	آناناس
banana (f)	mowz	موز
melancia (f)	hendevāne	هندوانه
uva (f)	angur	انگور
meloa (f)	xarboze	خربزه

12. Comida. Parte 2

cozinha (~ portuguesa)	qazā	غذا
receita (f)	dastur-e poxt	دستور پخت
comida (f)	qazā	غذا

tomar o pequeno-almoço	sobhāne xordan	صبحانه خوردن
almoçar (vi)	nāhār xordan	ناهار خوردن
jantar (vi)	šām xordan	شام خوردن

sabor, gosto (m)	maze	مزه
gostoso	xoš mazze	خوش مزه
frio	sard	سرد
quente	dāq	داغ
doce (açucarado)	širin	شیرین
salgado	šur	شور
sandes (f)	sāndevič	ساندویچ
conduto (m)	moxallafāt	مخلفات
recheio (m)	čāšni	چاشنی
molho (m)	ses	سس
pedaço (~ de bolo)	tekke	تکه
dieta (f)	režim	رژیم
vitamina (f)	vitāmin	ویتامین
caloria (f)	kālori	کالری
vegetariano (m)	giyāh xār	گیاه خوار
restaurante (m)	resturān	رستوران
café (m)	kāfe	کافه
apetite (m)	eštehā	اشتها
Bom apetite!	nuš-e jān	نوش جان
empregado (m) de mesa	pišxedmat	پیشخدمت
empregada (f) de mesa	pišxedmat	پیشخدمت
barman (m)	motesaddi-ye bār	متصدی بار
ementa (f)	meno	منو
colher (f)	qāšoq	قاشق
faca (f)	kārd	کارد
garfo (m)	čangāl	چنگال
chávena (f)	fenjān	فنجان
prato (m)	bošqāb	بشقاب
pires (m)	na'lbeki	نعلبکی
guardanapo (m)	dastmāl	دستمال
palito (m)	xelāl-e dandān	خلال دندان
pedir (vt)	sefāreš dādan	سفارش دادن
prato (m)	qazā	غذا
porção (f)	pors	پرس
entrada (f)	piš qazā	پیش غذا
salada (f)	sālād	سالاد
sopa (f)	sup	سوپ
sobremesa (f)	deser	دسر
doce (m)	morabbā	مربا
gelado (m)	bastani	بستنی
conta (f)	surat hesāb	صورت حساب
pagar a conta	surat-e hesāb rā pardāxtan	صورت حساب را پرداختن
gorjeta (f)	an'ām	انعام

13. Casa. Apartamento. Parte 1

casa (f)	xāne	خانه
casa (f) de campo	xāne-ye xārej-e šahr	خانهٔ خارج شهر
vila (f)	vilā	ویلا
andar (m)	tabaqe	طبقه
entrada (f)	darb-e vorudi	درب ورودی
parede (f)	divār	دیوار
telhado (m)	bām	بام
chaminé (f)	dudkeš	دودکش
sótão (m)	zir-širvāni	زیرشیروانی
janela (f)	panjere	پنجره
parapeito (m)	tāqče-ye panjare	طاقچهٔ پنجره
varanda (f)	bālkon	بالکن
escada (f)	pellekān	پلکان
caixa (f) de correio	sanduq-e post	صندوق پست
caixote (m) do lixo	zobāle dān	زباله دان
elevador (m)	āsānsor	آسانسور
eletricidade (f)	barq	برق
lâmpada (f)	lāmp	لامپ
interruptor (m)	kelid	کلید
tomada (f)	periz	پریز
fusível (m)	fiyuz	فیوز
porta (f)	darb	درب
maçaneta (f)	dastgire-ye dar	دستگیرهٔ در
chave (f)	kelid	کلید
tapete (m) de entrada	pādari	پادری
fechadura (f)	qofl	قفل
campainha (f)	zang-e dar	زنگ در
batida (f)	dar zadan	درزدن
bater (vi)	dar zadan	درزدن
vigia (f), olho (m) mágico	češmi	چشمی
pátio (m)	hayāt	حیاط
jardim (m)	bāq	باغ
piscina (f)	estaxr	استخر
ginásio (m)	sālon-e varzeš	سالن ورزش
campo (m) de ténis	zamin-e tenis	زمین تنیس
garagem (f)	gārāž	گاراژ
propriedade (f) privada	melk-e xosusi	ملک خصوصی
sinal (m) de aviso	alāmat-e hošdār	علامت هشدار
guarda (f)	hefāzat	حفاظت
guarda (m)	negahbān	نگهبان
renovação (f)	ta'mir	تعمیر

renovar (vt), fazer obras	ta'mir kardan	تعمیر کردن
arranjar (vt)	morattab kardan	مرتب کردن
pintar (vt)	rang kardan	رنگ کردن
papel (m) de parede	kāqaz-e divāri	کاغذ دیواری
envernizar (vt)	lāk zadan	لاک زدن
tubo (m)	lule	لوله
ferramentas (f pl)	abzār	ابزار
cave (f)	zirzamin	زیرزمین
sistema (m) de esgotos	fāzelāb	فاضلاب

14. Casa. Apartamento. Parte 2

apartamento (m)	āpārtemān	آپارتمان
quarto (m)	otāq	اتاق
quarto (m) de dormir	otāq-e xāb	اتاق خواب
sala (f) de jantar	otāq-e qazāxori	اتاق غذاخوری
sala (f) de estar	mehmānxāne	مهمانخانه
escritório (m)	daftar	دفتر
antessala (f)	tālār-e vorudi	تالار ورودی
quarto (m) de banho	hammām	حمام
quarto (m) de banho	tuālet	توالت
chão, soalho (m)	kaf	کف
teto (m)	saqf	سقف
limpar o pó	gardgiri kardan	گردگیری کردن
aspirador (m)	jāru barqi	جارو برقی
aspirar (vt)	jāru barq-i kešidan	جارو برقی کشیدن
esfregona (f)	jāru-ye dastedār	جاروی دسته دار
pano (m), trapo (m)	kohne	کهنه
vassoura (f)	jārub	جاروب
pá (f) de lixo	xāk andāz	خاک انداز
mobiliário (m)	mobl	مبل
mesa (f)	miz	میز
cadeira (f)	sandali	صندلی
cadeirão (m)	mobl-e rāhati	مبل راحتی
biblioteca (f)	qafase-ye ketāb	قفسه کتاب
prateleira (f)	qafase	قفسه
guarda-vestidos (m)	komod	کمد
espelho (m)	āyene	آینه
tapete (m)	farš	فرش
lareira (f)	šumine	شومینه
cortinas (f pl)	parde	پرده
candeeiro (m) de mesa	čerāq-e rumizi	چراغ رومیزی

lustre (m)	luster	لوستر
cozinha (f)	āšpazxāne	آشپزخانه
fogão (m) a gás	ojāgh-e gāz	اجاق گاز
fogão (m) elétrico	ojāgh-e barghi	اجاق برقی
forno (m) de micro-ondas	māykrofer	مایکروفر
frigorífico (m)	yaxčāl	یخچال
congelador (m)	fereyzer	فریزر
máquina (f) de lavar louça	māšin-e zarfšuyi	ماشین ظرفشویی
torneira (f)	šir	شیر
moedor (m) de carne	čarx-e gušt	چرخ گوشت
espremedor (m)	ābmive giri	آبمیوه گیری
torradeira (f)	towster	توستر
batedeira (f)	maxlut kon	مخلوط کن
máquina (f) de café	qahve sāz	قهوه ساز
chaleira (f)	ketri	کتری
bule (m)	quri	قوری
televisor (m)	televiziyon	تلویزیون
videogravador (m)	video	ویدئو
ferro (m) de engomar	oto	اتو
telefone (m)	telefon	تلفن

15. Profissões. Estatuto social

diretor (m)	modir	مدیر
superior (m)	māfowq	مافوق
presidente (m)	ra'is jomhur	رئیس جمهور
assistente (m)	mo'āven	معاون
secretário (m)	monši	منشی
proprietário (m)	sāheb	صاحب
parceiro, sócio (m)	šarik	شریک
acionista (m)	sahāmdār	سهامدار
homem (m) de negócios	bāzargān	بازرگان
milionário (m)	milyuner	میلیونر
bilionário (m)	milyārder	میلیاردر
ator (m)	bāzigar	بازیگر
arquiteto (m)	me'mār	معمار
banqueiro (m)	kārmand-e bānk	کارمند بانک
corretor (m)	dallāl-e kārgozār	دلال کارگزار
veterinário (m)	dāmpezešk	دامپزشک
médico (m)	pezešk	پزشک
camareira (f)	mostaxdem	مستخدم
designer (m)	tarāh	طراح

| correspondente (m) | xabarnegār | خبرنگار |
| entregador (m) | peyk | پیک |

eletricista (m)	barq-e kār	برق کار
músico (m)	muzisiyan	موزیسین
babysitter (f)	parastār bače	پرستار بچه
cabeleireiro (m)	ārāyešgar	آرایشگر
pastor (m)	čupān	چوپان

cantor (m)	xānande	خواننده
tradutor (m)	motarjem	مترجم
escritor (m)	nevisande	نویسنده
carpinteiro (m)	najjār	نجار
cozinheiro (m)	āšpaz	آشپز

bombeiro (m)	ātaš nešān	آتش نشان
polícia (m)	polis	پلیس
carteiro (m)	nāme resān	نامه رسان
programador (m)	barnāme-ye nevis	برنامه نویس
vendedor (m)	forušande	فروشنده

operário (m)	kārgar	کارگر
jardineiro (m)	bāqbān	باغبان
canalizador (m)	lule keš	لوله کش
estomatologista (m)	dandān pezešk	دندان پزشک
hospedeira (f) de bordo	mehmāndār-e havāpeymā	مهماندار هواپیما

bailarino (m)	raqqās	رقاص
guarda-costas (m)	mohāfez-e šaxsi	محافظ شخصی
cientista (m)	dānešmand	دانشمند
professor (m)	mo'allem	معلم

agricultor (m)	kešāvarz	کشاورز
cirurgião (m)	jarrāh	جراح
mineiro (m)	ma'danči	معدنچی
cozinheiro chefe (m)	sarāšpaz	سرآشپز
condutor (automobilista)	rānande	راننده

16. Desporto

tipo (m) de desporto	anvā-e varzeš	انواع ورزش
futebol (m)	futbāl	فوتبال
hóquei (m)	hāki	هاکی
basquetebol (m)	basketbāl	بسکتبال
beisebol (m)	beysbāl	بیسبال

voleibol (m)	vālibāl	والیبال
boxe (m)	boks	بوکس
luta (f)	kešti	کشتی
ténis (m)	tenis	تنیس

natação (f)	šenā	شنا
xadrez (m)	šatranj	شطرنج
corrida (f)	do	دو
atletismo (m)	varzeš	ورزش
patinagem (f) artística	raqs ruy yax	رقص روی یخ
ciclismo (m)	dočarxe savāri	دوچرخه سواری

bilhar (m)	bilyārd	بیلیارد
musculação (f)	badansāzi	بدنسازی
golfe (m)	golf	گلف
mergulho (m)	dāyving	دایوینگ
vela (f)	qāyeq-rāni bādbani	قایق رانی بادبانی
tiro (m) com arco	tirandāzi bā kamān	تیراندازی با کمان

tempo (m)	nime	نیمه
intervalo (m)	hāf tāym	هاف تایم
empate (m)	mosāvi	مساوی
empatar (vi)	bāzi rā mosāvi kardan	بازی را مساوی کردن

passadeira (f)	pist-e do	پیست دو
jogador (m)	bāzikon	بازیکن
jogador (m) de reserva	bāzikon-e zaxire	بازیکن ذخیره
banco (m) de reservas	nimkat-e zaxire	نیمکت ذخیره

| jogo (desafio) | mosābeqe | مسابقه |
| baliza (f) | darvāze | دروازه |

| guarda-redes (m) | darvāze bān | دروازه بان |
| golo (m) | gol | گل |

Jogos (m pl) Olímpicos	bāzihā-ye olampik	بازی‌های المپیک
estabelecer um recorde	rekord gozāštan	رکورد گذاشتن
final (m)	fināl	فینال

| campeão (m) | qahremān | قهرمان |
| campeonato (m) | mosābeqe-ye qahremāni | مسابقه قهرمانی |

vencedor (m)	barande	برنده
vitória (f)	piruzi	پیروزی
ganhar (vi)	piruz šodan	پیروز شدن

| perder (vt) | bāxtan | باختن |
| medalha (f) | medāl | مدال |

primeiro lugar (m)	rotbe-ye avval	رتبه اول
segundo lugar (m)	rotbe-ye dovvom	رتبه دوم
terceiro lugar (m)	rotbe-ye sevvom	رتبه سوم

estádio (m)	varzešgāh	ورزشگاه
fã, adepto (m)	tarafdār	طرفدار
treinador (m)	morabbi	مربی
treino (m)	tamrin	تمرین

17. Línguas estrangeiras. Ortografia

língua (f)	zabān	زبان
estudar (vt)	dars xāndan	درس خواندن
pronúncia (f)	talaffoz	تلفظ
sotaque (m)	lahje	لهجه
substantivo (m)	esm	اسم
adjetivo (m)	sefat	صفت
verbo (m)	fe'l	فعل
advérbio (m)	qeyd	قید
pronome (m)	zamir	ضمیر
interjeição (f)	harf-e nedā	حرف ندا
preposição (f)	harf-e ezāfe	حرف اضافه
raiz (f) da palavra	riše-ye kalame	ریشه کلمه
terminação (f)	pasvand	پسوند
prefixo (m)	pišvand	پیشوند
sílaba (f)	hejā	هجا
sufixo (m)	pasvand	پسوند
acento (m)	fešar-e hejā	فشار هجا
ponto (m)	noqte	نقطه
vírgula (f)	virgul	ویرگول
dois pontos (m pl)	donoqte	دونقطه
reticências (f pl)	čand noqte	چند نقطه
pergunta (f)	soāl	سؤال
ponto (m) de interrogação	alāmat-e soāl	علامت سؤال
ponto (m) de exclamação	alāmat-e taajjob	علامت تعجب
entre aspas	dar giyume	در گیومه
entre parênteses	dar parāntez	در پرانتز
letra (f)	harf	حرف
letra (f) maiúscula	harf-e bozorg	حرف بزرگ
frase (f)	jomle	جمله
grupo (m) de palavras	ebārat	عبارت
expressão (f)	bayān	بیان
sujeito (m)	nahād	نهاد
predicado (m)	gozāre	گزاره
linha (f)	satr	سطر
parágrafo (m)	band	بند
sinónimo (m)	moterādef	مترادف
antónimo (m)	motezād	متضاد
exceção (f)	estesnā	استثنا
sublinhar (vt)	xatt kešidan	خط کشیدن
regras (f pl)	qavā'ed	قواعد

gramática (f)	gerämer	گرامر
léxico (m)	vãjegãn	واژگان
fonética (f)	ãvã-šenãsi	آواشناسی
alfabeto (m)	alefbã	الفبا

manual (m) escolar	ketãb-e darsi	کتاب درسی
dicionário (m)	farhang-e loqat	فرهنگ لغت
guia (m) de conversação	ketãb-e mokãleme	کتاب مکالمه

palavra (f)	kalame	کلمه
sentido (m)	ma'ni	معنی
memória (f)	hãfeze	حافظه

18. A Terra. Geografia

Terra (f)	zamin	زمین
globo terrestre (Terra)	kare-ye zamin	کرۀ زمین
planeta (m)	sayyãre	سیاره

geografia (f)	joqrãfiyã	جغرافیا
natureza (f)	tabi'at	طبیعت
mapa (m)	naqše	نقشه
atlas (m)	atlas	اطلس

no norte	dar šomãl	در شمال
no sul	dar jonub	در جنوب
no oeste	dar qarb	در غرب
no leste	dar šarq	در شرق

mar (m)	daryã	دریا
oceano (m)	oqyãnus	اقیانوس
golfo (m)	xalij	خلیج
estreito (m)	tange	تنگه

continente (m)	qãre	قاره
ilha (f)	jazire	جزیره
península (f)	šeb-e jazire	شبه جزیره
arquipélago (m)	majma'-ol-jazãyer	مجمع‌الجزایر

porto (m)	langargãh	لنگرگاه
recife (m) de coral	tappe-ye marjãni	تپه مرجانی
litoral (m)	sãhel	ساحل
costa (f)	sãhel	ساحل

| maré (f) alta | mod | مد |
| maré (f) baixa | jazr | جزر |

latitude (f)	arz-e joqrãfiyãyi	عرض جغرافیایی
longitude (f)	tul-e joqrãfiyãyi	طول جغرافیایی
paralela (f)	movãzi	موازی

equador (m)	xatt-e ostavā	خط استوا
céu (m)	āsemān	آسمان
horizonte (m)	ofoq	افق
atmosfera (f)	jav	جو

montanha (f)	kuh	کوه
cume (m)	qolle	قله
falésia (f)	saxre	صخره
colina (f)	tappe	تپه

vulcão (m)	ātaš-fešān	آتشفشان
glaciar (m)	yaxčāl	يخچال
queda (f) d'água	ābšār	آبشار
planície (f)	jolge	جلگه

rio (m)	rudxāne	رودخانه
fonte, nascente (f)	češme	چشمه
margem (do rio)	sāhel	ساحل
rio abaixo	be samt-e pāin-e rudxāne	به سمت پائين رودخانه
rio acima	be samt-e bālā-ye rudxāne	به سمت بالای رودخانه

lago (m)	daryāče	درياچه
barragem (f)	sad	سد
canal (m)	kānāl	کانال
pântano (m)	bātlāq	باتلاق
gelo (m)	yax	يخ

19. Países do Mundo. Parte 1

Europa (f)	orupā	اروپا
União (f) Europeia	ettehādiye-ye orupā	اتحاديه اروپا
europeu (m)	orupāyi	اروپايی
europeu	orupāyi	اروپايی

Áustria (f)	otriš	اتريش
Grã-Bretanha (f)	beritāniyā-ye kabir	بريتانيای کبير
Inglaterra (f)	engelestān	انگلستان
Bélgica (f)	belžik	بلژيک
Alemanha (f)	ālmān	آلمان

Países (m pl) Baixos	holand	هلند
Holanda (f)	holand	هلند
Grécia (f)	yunān	يونان
Dinamarca (f)	dānmārk	دانمارک
Irlanda (f)	irland	ايرلند

Islândia (f)	island	ايسلند
Espanha (f)	espāniyā	اسپانيا
Itália (f)	itāliyā	ايتاليا
Chipre (m)	qebres	قبرس

Malta (f)	mált	مالت
Noruega (f)	norvež	نروژ
Portugal (m)	porteqãl	پرتغال
Finlândia (f)	fanländ	فنلاند
França (f)	farãnse	فرانسه
Suécia (f)	sued	سوئد
Suíça (f)	suis	سوئیس
Escócia (f)	eskátland	اسکاتلند
Vaticano (m)	vãtikãn	واتیکان
Liechtenstein (m)	lixteneštãyn	لیختن‌اشتاین
Luxemburgo (m)	lokzãmborg	لوکزامبورگ
Mónaco (m)	monãko	موناکو
Albânia (f)	ãlbãni	آلبانی
Bulgária (f)	bolqãrestãn	بلغارستان
Hungria (f)	majãrestãn	مجارستان
Letónia (f)	letuni	لتونی
Lituânia (f)	litvãni	لیتوانی
Polónia (f)	lahestãn	لهستان
Roménia (f)	romãni	رومانی
Sérvia (f)	serbestãn	صربستان
Eslováquia (f)	eslovãki	اسلواکی
Croácia (f)	korovãsi	کرواسی
República (f) Checa	jomhuri-ye ček	جمهوری چک
Estónia (f)	estoni	استونی
Bósnia e Herzegovina (f)	bosni-yo herzogovin	بوسنی وهرزگوین
Macedónia (f)	jomhuri-ye maqduniye	جمهوری مقدونیه
Eslovénia (f)	eslovoni	اسلوونی
Montenegro (m)	montenegro	مونته‌نگرو
Bielorrússia (f)	belãrus	بلاروس
Moldávia (f)	moldãvi	مولداوی
Rússia (f)	rusiye	روسیه
Ucrânia (f)	okrãyn	اوکراین

20. Países do Mundo. Parte 2

Ásia (f)	ãsiyã	آسیا
Vietname (m)	viyetnãm	ویتنام
Índia (f)	hendustãn	هندوستان
Israel (m)	esrãil	اسرائیل
China (f)	čin	چین
Líbano (m)	lobnãn	لبنان
Mongólia (f)	moqolestãn	مغولستان
Malásia (f)	mãlezi	مالزی
Paquistão (m)	pãkestãn	پاکستان

Arábia (f) Saudita	arabestān-e so'udi	عربستان سعودى
Tailândia (f)	tāyland	تايلند
Taiwan (m)	tāyvān	تايوان
Turquia (f)	torkiye	تركيه
Japão (m)	žāpon	ژاپن
Afeganistão (m)	afqānestān	افغانستان
Bangladesh (m)	bangelādeš	بنگلادش
Indonésia (f)	andonezi	اندونزى
Jordânia (f)	ordon	اردن
Iraque (m)	arāq	عراق
Irão (m)	irān	ايران
Camboja (f)	kāmboj	كامبوج
Kuwait (m)	koveyt	كويت
Laos (m)	lāus	لائوس
Mianmar, Birmânia	miyānmār	ميانمار
Nepal (m)	nepāl	نپال
Emirados Árabes Unidos	emārāt-e mottahede-ye arabi	امارات متحده عربى
Síria (f)	suriye	سوريه
Palestina (f)	felestin	فلسطين
Coreia do Sul (f)	kare-ye jonubi	كرهٔ جنوبى
Coreia do Norte (f)	kare-ye šomāli	كرهٔ شمالى
Estados Unidos da América	eyālāt-e mottahede-ye emrikā	ايالات متحدهٔ امريكا
Canadá (m)	kānādā	كانادا
México (m)	mekzik	مكزيك
Argentina (f)	āržāntin	آرژانتين
Brasil (m)	berezil	برزيل
Colômbia (f)	kolombiyā	كلمبيا
Cuba (f)	kubā	كوبا
Chile (m)	šhili	شيلى
Venezuela (f)	venezuelā	ونزوئلا
Equador (m)	ekvādor	اكوادور
Bahamas (f pl)	bāhāmā	باهاما
Panamá (m)	pānāmā	پاناما
Egito (m)	mesr	مصر
Marrocos	marākeš	مراكش
Tunísia (f)	tunes	تونس
Quénia (f)	keniyā	كنيا
Líbia (f)	libi	ليبى
África do Sul (f)	jomhuri-ye āfriqā-ye jonubi	جمهورى آفريقاى جنوبى
Austrália (f)	ostorāliyā	استراليا
Nova Zelândia (f)	niyuzland	نيوزلند

21. Tempo. Catástrofes naturais

tempo (m)	havā	هوا
previsão (f) do tempo	piš bini havā	پیش بینی هوا
temperatura (f)	damā	دما
termómetro (m)	damāsanj	دماسنج
barómetro (m)	havāsanj	هواسنج
sol (m)	āftāb	آفتاب
brilhar (vi)	tābidan	تابیدن
de sol, ensolarado	āftābi	آفتابی
nascer (vi)	tolu' kardan	طلوع کردن
pôr-se (vp)	qorob kardan	غروب کردن
chuva (f)	bārān	باران
está a chover	bārān mibārad	باران می بارد
chuva (f) torrencial	bārān šodid	باران شدید
nuvem (f) negra	abr-e bārānzā	ابر باران زا
poça (f)	čāle	چاله
molhar-se (vp)	xis šodan	خیس شدن
trovoada (f)	tufān	طوفان
relâmpago (m)	barq	برق
relampejar (vi)	barq zadan	برق زدن
trovão (m)	ra'd	رعد
está a trovejar	ra'd mizanad	رعد می زند
granizo (m)	tagarg	تگرگ
está a cair granizo	tagarg mibārad	تگرگ می بارد
calor (m)	garmā	گرما
está muito calor	havā xeyli garm ast	هوا خیلی گرم است
está calor	havā garm ast	هوا گرم است
está frio	sard ast	سرد است
nevoeiro (m)	meh	مه
de nevoeiro	meh ālud	مه آلود
nuvem (f)	abr	ابر
nublado	abri	ابری
humidade (f)	rotubat	رطوبت
neve (f)	barf	برف
está a nevar	barf mibārad	برف می بارد
gelo (m)	yaxbandān	یخبندان
abaixo de zero	zir-e sefr	زیر صفر
geada (f) branca	barf-e rize	برف ریزه
mau tempo (m)	havā-ye bad	هوای بد
catástrofe (f)	balā-ye tabi'i	بلای طبیعی
inundação (f)	seyl	سیل
avalanche (f)	bahman	بهمن
terremoto (m)	zamin-larze	زمین لرزه

abalo, tremor (m)	tekān	تکان
epicentro (m)	kānun-e zaminlarze	کانون زمین لرزه
erupção (f)	favarān	فوران
lava (f)	godāze	گدازه

turbilhão, tornado (m)	gerdbād	گردباد
furacão (m)	tufān	طوفان
tsunami (m)	sonāmi	سونامی
ciclone (m)	gerdbād	گردباد

22. Animais. Parte 1

| animal (m) | heyvān | حیوان |
| predador (m) | heyvān-e darande | حیوان درنده |

tigre (m)	bebar	ببر
leão (m)	šir	شیر
lobo (m)	gorg	گرگ
raposa (f)	rubāh	روباه
jaguar (m)	jagvār	جگوار

lince (m)	siyāh guš	سیاه گوش
coiote (m)	gorg-e sahrāyi	گرگ صحرایی
chacal (m)	šoqāl	شغال
hiena (f)	kaftār	کفتار

esquilo (m)	sanjāb	سنجاب
ouriço (m)	xārpošt	خارپشت
coelho (m)	xarguš	خرگوش
guaxinim (m)	rākon	راکن

hamster (m)	muš-e bozorg	موش بزرگ
toupeira (f)	muš-e kur	موش کور
rato (m)	muš	موش
ratazana (f)	muš-e sahrāyi	موش صحرایی
morcego (m)	xoffāš	خفاش

castor (m)	sag-e ābi	سگ آبی
cavalo (m)	asb	اسب
veado (m)	āhu	آهو
camelo (m)	šotor	شتر
zebra (f)	gurexar	گورخر

baleia (f)	nahang	نهنگ
foca (f)	fak	فک
morsa (f)	širmāhi	شیرماهی
golfinho (m)	delfin	دلفین

| urso (m) | xers | خرس |
| macaco (em geral) | meymun | میمون |

elefante (m)	fil	فیل
rinoceronte (m)	kargadan	کرگدن
girafa (f)	zarrāfe	زرافه

hipopótamo (m)	asb-e ābi	اسب آبی
canguru (m)	kāngoro	کانگورو
gata (f)	gorbe	گربه
cão (m)	sag	سگ

vaca (f)	gāv	گاو
touro (m)	gāv-e nar	گاو نر
ovelha (f)	gusfand	گوسفند
cabra (f)	boz-e mādde	بز ماده

burro (m)	xar	خر
porco (m)	xuk	خوک
galinha (f)	morq	مرغ
galo (m)	xorus	خروس

pato (m), pata (f)	ordak	اردک
ganso (m)	qāz	غاز
perua (f)	buqalamun-e māde	بوقلمون ماده
cão pastor (m)	sag-e gele	سگ گله

23. Animais. Parte 2

pássaro, ave (m)	parande	پرنده
pombo (m)	kabutar	کبوتر
pardal (m)	gonješk	گنجشک
chapim-real (m)	morq-e zanburxār	مرغ زنبورخوار
pega-rabuda (f)	zāqi	زاغی

águia (f)	oqāb	عقاب
açor (m)	qerqi	قرقی
falcão (m)	šāhin	شاهین

cisne (m)	qu	قو
grou (m)	dornā	درنا
cegonha (f)	lak lak	لک لک
papagaio (m)	tuti	طوطی
pavão (m)	tāvus	طاووس
avestruz (f)	šotormorq	شترمرغ

garça (f)	havāsil	حواصیل
rouxinol (m)	bolbol	بلبل
andorinha (f)	parastu	پرستو
pica-pau (m)	dārkub	دارکوب
cuco (m)	fāxte	فاخته
coruja (f)	joqd	جغد
pinguim (m)	pangoan	پنگوئن

atum (m)	tan māhi	تن ماهی
truta (f)	māhi-ye qezelālā	ماهی قزل آلا
enguia (f)	mārmāhi	مارماهی

tubarão (m)	kuse-ye māhi	کوسه ماهی
caranguejo (m)	xarčang	خرچنگ
medusa, alforreca (f)	arus-e daryāyi	عروس دریایی
polvo (m)	hašt pā	هشت پا

estrela-do-mar (f)	setāre-ye daryāyi	ستاره دریایی
ouriço-do-mar (m)	xārpošt-e daryāyi	خارپشت دریایی
cavalo-marinho (m)	asb-e daryāyi	اسب دریایی
camarão (m)	meygu	میگو

serpente, cobra (f)	mār	مار
víbora (f)	af'i	افعی
lagarto (m)	susmār	سوسمار
iguana (f)	susmār-e deraxti	سوسمار درختی
camaleão (m)	āftāb-parast	آفتاب پرست
escorpião (m)	aqrab	عقرب

tartaruga (f)	lāk pošt	لاک پشت
rã (f)	qurbāqe	قورباغه
crocodilo (m)	temsāh	تمساح

inseto (m)	hašare	حشره
borboleta (f)	parvāne	پروانه
formiga (f)	murče	مورچه
mosca (f)	magas	مگس

mosquito (m)	paše	پشه
escaravelho (m)	susk	سوسک
abelha (f)	zanbur-e asal	زنبور عسل
aranha (f)	ankabut	عنکبوت

24. Árvores. Plantas

árvore (f)	deraxt	درخت
bétula (f)	tus	توس
carvalho (m)	balut	بلوط
tília (f)	zirfun	زیرفون
choupo-tremedor (m)	senowbar-e larzān	صنوبر لرزان

bordo (m)	afrā	افرا
espruce-europeu (m)	senowbar	صنوبر
pinheiro (m)	kāj	کاج
cedro (m)	sedr	سدر

| choupo, álamo (m) | sepidār | سپیدار |
| tramazeira (f) | zabān gonješk-e kuhi | زبان گنجشک کوهی |

| faia (f) | rāš | راش |
| ulmeiro (m) | nārvan-e qermez | نارون قرمز |

freixo (m)	zabān-e gonješk	زبان گنجشک
castanheiro (m)	šāh balut	شاه بلوط
palmeira (f)	naxl	نخل
arbusto (m)	bute	بوته
cogumelo (m)	qārč	قارچ
cogumelo (m) venenoso	qārč-e sammi	قارچ سمی
cepe-de-bordéus (m)	qārč-e sefid	قارچ سفید
rússula (f)	qārč-e tiqe-ye tord	قارچ تیغه ترد
agário-das-moscas (m)	qārč-e magas	قارچ مگس
cicuta (f) verde	kolāhak-e marg	کلاهک مرگ

flor (f)	gol	گل
ramo (m) de flores	daste-ye gol	دسته گل
rosa (f)	gol-e sorx	گل سرخ
tulipa (f)	lāle	لاله
cravo (m)	mixak	میخک

camomila (f)	bābune	بابونه
cato (m)	kāktus	کاکتوس
lírio-do-vale (m)	muge	موگه
campânula-branca (f)	gol-e barfi	گل برفی
nenúfar (m)	nilufar-e abi	نیلوفر آبی
estufa (f)	golxāne	گلخانه
relvado (m)	čaman	چمن
canteiro (m) de flores	baqče-ye gol	باغچه گل

planta (f)	giyāh	گیاه
erva (f)	alaf	علف
folha (f)	barg	برگ
pétala (f)	golbarg	گلبرگ
talo (m)	sāqe	ساقه
broto, rebento (m)	javāne	جوانه

cereais (plantas)	qallāt	غلات
trigo (m)	gandom	گندم
centeio (m)	čāvdār	چاودار
aveia (f)	jow-e sahrāyi	جو صحرایی

milho-miúdo (m)	arzan	ارزن
cevada (f)	jow	جو
milho (m)	zorrat	ذرت
arroz (m)	berenj	برنج

25. Várias palavras úteis

| ajuda (f) | komak | کمک |
| base (f) | pāye | پایه |

| categoria (f) | tabaqe | طبقه |
| coincidência (f) | tatāboq | تطابق |

começo (m)	šoru'	شروع
comparação (f)	qiyās	قیاس
desenvolvimento (m)	pišraft	پیشرفت
diferença (f)	farq	فرق

efeito (m)	asar	اثر
elemento (m)	onsor	عنصر
equilíbrio (m)	ta'ādol	تعادل
erro (m)	eštebāh	اشتباه

esforço (m)	kušeš	کوشش
estilo (m)	sabok	سبک
exemplo (m)	mesāl	مثال
facto (m)	haqiqat	حقیقت

forma (f)	šekl	شکل
género (tipo)	no'	نوع
grau (m)	daraje	درجه
ideal	ide āl	ایده آل

mistério (m)	rāz	راز
modo (m)	tariq	طریق
momento (m)	lahze	لمظه
obstáculo (m)	māne'	مانع

padrão	estāndārd	استاندارد
paragem (pausa)	tavaqqof	توقف
parte (f)	joz	جزء
pausa (f)	maks	مکث
posição (f)	vaz'	وضع

problema (m)	moškel	مشکل
processo (m)	ravand	روند
progresso (m)	taraqqi	ترقی
propriedade (f)	xāsiyat	خاصیت

reação (f)	vākoneš	واکنش
risco (m)	risk	ریسک
ritmo (m)	sor'at	سرعت
série (f)	seri	سری

sistema (m)	sistem	سیستم
situação (f)	vaz'iyat	وضعیت
solução (f)	hal	حل
tabela (f)	jadval	جدول

termo (ex. ~ técnico)	estelāh	اصطلاح
urgente	fowri	فوری
utilidade (f)	fāyede	فایده

variante (f)	moteqayyer	متغیر
variedade (f)	entexāb	انتخاب
verdade (f)	haqiqat	حقیقت
vez (f)	nowbat	نوبت
zona (f)	mantaqe	منطقه

26. Modificadores. Adjetivos. Parte 1

aberto	bāz	باز
afiado	tiz	تیز
alto (ex. voz ~a)	boland	بلند
amargo	talx	تلخ
amplo	vasi'	وسیع

antigo	qadimi	قدیمی
arriscado	xatarnāk	خطرناک
artificial	masnu'i	مصنوعی
azedo	torš	ترش

baixo (voz ~a)	āheste	آهسته
bonito	zibā	زیبا
bronzeado	boronze	برنزه
burro, estúpido	ahmaq	احمق

cego	kur	کور
central	markazi	مرکزی
cheio (ex. copo ~)	por	پر
clandestino	maxfi	مخفی

compatível	sāzgār	سازگار
comum, normal	ādi	عادی
congelado	yax zade	یخ زده
contente	rāzi	راضی

contínuo	tulāni	طولانی
contrário (ex. o efeito ~)	moqābel	مقابل
cru (não cozinhado)	xām	خام
curto	kutāh	کوتاه
denso (fumo, etc.)	qaliz	غلیظ

difícil	moškel	مشکل
direito	rāst	راست
doce (açucarado)	širin	شیرین
doce (água)	širin	شیرین
doente	bimār	بیمار

duro (material ~)	soft	سفت
educado	moaddab	مؤدب
enigmático	asrār āmiz	اسرارآمیز
enorme	bozorg	بزرگ

especial	maxsus	مخصوص
esquerdo	čap	چپ
estreito	bārik	باریک
exato	daqiq	دقیق
excelente	āli	عالی

excessivo	ziyād az had	زیاد ازحد
externo	xāreji	خارجی
fácil	āsān	آسان
feliz	xošbaxt	خوشبخت
fértil (terreno ~)	hāzer	حاصلخیز

forte (pessoa ~)	nirumand	نیرومند
frágil	šekanande	شکننده
gostoso	xoš mazze	خوش مزه
grande	bozorg	بزرگ
gratuito, grátis	majjāni	مجانی

27. Modificadores. Adjetivos. Parte 2

imóvel	bi harekat	بی حرکت
importante	mohem	مهم
infantil	kudakāne	کودکانه
inteligente	bāhuš	باهوش
interno	dāxeli	داخلی

legal	qānuni	قانونی
leve	sabok	سبک
limpo	pāk	پاک
líquido	māye'	مایع
liso	hamvār	هموار

longo (ex. cabelos ~s)	derāz	دراز
maduro (ex. fruto ~)	reside	رسیده
mate, baço	tār	تار
mau	bad	بد
mole	narm	نرم

morto	morde	مرده
não difícil	āsān	آسان
não é clara	nāmo'ayyan	نامعین
natal (país ~)	bumi	بومی
negativo	manfi	منفی

normal	ma'muli	معمولی
novo	jadid	جدید
obrigatório	ejbāri	اجباری
original	orijināl	اوریژینال
passado	piš	پیش
pequeno	kučak	کوچک

perigoso	xatarnāk	خطرناک
pessoal	xosusi	خصوصی
pobre	faqir	فقیر
possível	ehtemāli	احتمالی

pouco fundo	kam omq	کم عمق
primeiro (principal)	asāsi	اساسی
principal	asli	اصلی
provável	mohtamel	محتمل
rápido	sari'	سریع

raro	nāder	نادر
reto	rāst	راست
seguinte	digar	دیگر
similar	šabih	شبیه
soberbo	āli	عالی

social	omumi	عمومی
sólido	mohkam	محکم
sujo	kasif	کثیف
suplementar	ezāfi	اضافی

triste (um ar ~)	anduhgin	اندوهگین
último	āxarin	آخرین
usado	dast-e dovvom	دست دوم
vazio (meio ~)	xāli	خالی
velho	qadimi	قدیمی

28. Verbos. Parte 1

abrir (vt)	bāz kardan	باز کردن
acabar, terminar (vt)	be pāyān resāndan	به پایان رساندن
acusar (vt)	mottaham kardan	متهم کردن
agradecer (vt)	tašakkor kardan	تشکر کردن
ajudar (vt)	komak kardan	کمک کردن
almoçar (vi)	nāhār xordan	ناهار خوردن

alugar (~ um apartamento)	ejāre kardan	اجاره کردن
amar (vt)	dust dāštan	دوست داشتن
anular, cancelar (vt)	laqv kardan	لغو کردن
anunciar (vt)	e'lām kardan	اعلام کردن
apagar, eliminar (vt)	hazf kardan	حذف کردن
apanhar (vt)	gereftan	گرفتن

arrumar, limpar (vt)	jam-o jur kardan	جمع و جورکردن
assinar (vt)	emzā kardan	امضا کردن
atirar, disparar (vi)	tirandāzi kardan	تیراندازی کردن
bater (espancar)	zadan	زدن
bater-se (vp)	zad-o-xord kardan	زد و خورد کردن
beber, tomar (vt)	nušidan	نوشیدن

brincar (vi)	šuxi kardan	شوخی کردن
brincar, jogar (crianças)	bāzi kardan	بازی کردن
caçar (vi)	šekār kardan	شکار کردن
cair (vi)	oftādan	افتادن
cantar (vi)	xāndan	خواندن
cavar (vt)	kandan	کندن
cessar (vt)	bas kardan	بس کردن
chegar (vi)	residan	رسیدن
chorar (vi)	gerye kardan	گریه کردن
começar (vt)	šoru' kardan	شروع کردن
comer (vt)	xordan	خوردن
comparar (vt)	moqāyse kardan	مقایسه کردن
comprar (vt)	xarid kardan	خرید کردن
compreender (vt)	fahmidan	فهمیدن
confiar (vt)	etminān kardan	اطمینان کردن
confirmar (vt)	ta'yid kardan	تأیید کردن
conhecer (vt)	šenāxtan	شناختن
construir (vt)	sāxtan	ساختن
contar (fazer contas)	šemordan	شمردن
contar (vt)	hekāyat kardan	حکایت کردن
contar com (esperar)	hesāb kardan	حساب کردن
convidar (vt)	da'vat kardan	دعوت کردن
copiar (vt)	kopi kardan	کپی کردن
correr (vi)	davidan	دویدن
crer (vt)	e'teqād dāštan	اعتقاد داشتن
criar (vt)	ijād kardan	ایجاد کردن
custar (vt)	qeymat dāštan	قیمت داشتن

29. Verbos. Parte 2

dançar (vi)	raqsidan	رقصیدن
dar (vt)	dādan	دادن
decidir (vt)	tasmim gereftan	تصمیم گرفتن
deixar cair (vt)	andāxtan	انداختن
depender de ... (vi)	vābaste budan	وابسته بودن
desaparecer (vi)	nāpadid šodan	ناپدید شدن
desculpar (vt)	baxšidan	بخشیدن
desculpar-se (vp)	ozr xāstan	عذر خواستن
desligar (vt)	xāmuš kardan	خاموش کردن
desprezar (vt)	tahqir kardan	تحقیر کردن
discutir (notícias, etc.)	bahs kardan	بحث کردن
divorciar-se (vp)	talāq gereftan	طلاق گرفتن
dizer (vt)	goftan	گفتن
duvidar (vt)	šok dāštan	شک داشتن

encontrar (achar)	peydā kardan	پیدا کردن
encontrar-se (vp)	molāqāt kardan	ملاقات کردن
enganar (vt)	farib dādan	فریب دادن
enviar (uma carta)	ferestādan	فرستادن
errar (equivocar-se)	eštebāh kardan	اشتباه کردن
escolher (vt)	entexāb kardan	انتخاب کردن

esconder (vt)	penhān kardan	پنهان کردن
escrever (vt)	neveštan	نوشتن
esperar (o autocarro, etc.)	montazer budan	منتظر بودن
esperar (ter esperança)	omid dāštan	امید داشتن
esquecer (vi, vt)	farāmuš kardan	فراموش کردن

estar ausente	qāyeb budan	غایب بودن
estar com pressa	ajale kardan	عجله کردن
estar com pressa	ajale kardan	عجله کردن
estar de acordo	movāfeqat kardan	موافقت کردن
estudar (vt)	dars xāndan	درس خواندن

exigir (vt)	darxāst kardan	درخواست کردن
existir (vi)	vojud dāštan	وجود داشتن
explicar (vt)	touzih dādan	توضیح دادن
falar (vi)	harf zadan	حرف زدن
falar com …	harf zadan bā	حرف زدن با

faltar (clases, etc.)	qāyeb budan	غایب بودن
fazer (vt)	anjām dādan	انجام دادن
fazer, preparar (vt)	poxtan	پختن
fechar (vt)	bastan	بستن
felicitar (vt)	tabrik goftan	تبریک گفتن

ficar cansado	xaste šodan	خسته شدن
gostar (apreciar)	dust dāštan	دوست داشتن
gritar (vi)	faryād zadan	فریاد زدن
guardar (cartas, etc.)	hefz kardan	حفظ کردن
insistir (vi)	esrār kardan	اصرار کردن

insultar (vt)	towhin kardan	توهین کردن
ir (a pé)	raftan	رفتن
jantar (vi)	šām xordan	شام خوردن
ler (vt)	xāndan	خواندن
ligar (vt)	rowšan kardan	روشن کردن

30. Verbos. Parte 3

matar (vt)	koštan	کشتن
mergulhar (vi)	širje raftan	شیرجه رفتن
morrer (vi)	mordan	مردن
mostrar (vt)	nešān dādan	نشان دادن
mudar (modificar)	avaz kardan	عوض کردن

nadar (vi)	šenā kardan	شنا کردن
nascer (vi)	motevalled šodan	متولد شدن
negar (vt)	enkār kardan	انکار کردن
obedecer (vt)	etā'at kardan	اطاعت کردن
odiar (vt)	motenaffer budan	متنفر بودن
olhar para …	negāh kardan	نگاه کردن
ouvir (vt)	šenidan	شنیدن
pagar (vt)	pardāxtan	پرداختن
participar (vi)	šerekat kardan	شرکت کردن
pegar (tomar)	bardāštan	برداشتن
pensar (vt)	fekr kardan	فکر کردن
perder (o guarda-chuva, etc.)	gom kardan	گم کردن
perdoar (vt)	baxšidan	بخشیدن
perguntar (vt)	porsidan	پرسیدن
permitir (vt)	ejāze dādan	اجازه دادن
pertencer (vt)	ta'alloq dāštan	تعلق داشتن
perturbar (vt)	mozāhem šodan	مزاحم شدن
poder (v aux)	tavānestan	توانستن
poder (v aux)	tavānestan	توانستن
prever (vt)	pišbini kardan	پیش بینی کردن
proibir (vt)	mamnu' kardan	ممنوع کردن
prometer (vt)	qowl dādan	قول دادن
propor (vt)	pišnahād dādan	پیشنهاد دادن
provar (vt)	esbāt kardan	اثبات کردن
quebrar (vt)	šekastan	شکستن
queixar-se (vp)	šekāyat kardan	شکایت کردن
querer (desejar)	xāstan	خواستن
receber (vt)	gereftan	گرفتن
repetir (dizer outra vez)	tekrār kardan	تکرار کردن
reservar (~ um quarto)	rezerv kardan	رزرو کردن
responder (vt)	javāb dādan	جواب دادن
rezar, orar (vi)	do'ā kardan	دعا کردن
roubar (vt)	dozdidan	دزدیدن
saber (vt)	dānestan	دانستن
salvar (vt)	najāt dādan	نجات دادن
secar (vt)	xošk kardan	خشک کردن
sentar-se (vp)	nešastan	نشستن
sorrir (vi)	labxand zadan	لبخند زدن
tentar (vt)	talāš kardan	تلاش کردن
ter (vt)	dāštan	داشتن
ter medo	tarsidan	ترسیدن
terminar (vt)	qat' kardan	قطع کردن
tomar o pequeno-almoço	sobhāne xordan	صبحانه خوردن

trabalhar (vi)	kār kardan	کار کردن
traduzir (vt)	tarjome kardan	ترجمه کردن
vender (vt)	foruxtan	فروختن
ver (vt)	didan	دیدن
verificar (vt)	barresi kardan	بررسی کردن
virar (ex. ~ à direita)	pičidan	پیچیدن
voar (vi)	parvāz kardan	پرواز کردن